John Parkin

Dane-se!
Quando uma atitude resolve

Título da edição original: *FUCK IT*
© 2008 by John Parkin
Originally published by Hay House UK
All rights reserved.

Direitos da edição em português © 2011.
Editora Vida e Consciência Ltda.
Todos os direitos reservados.

Capa, Projeto Gráfico e Ilustrações de capa: Marcelo da Paz
Diagramação: Andreza Bernardes
Tradução: Nilza Nascimento
Preparação: Giacomo Leone Neto
Revisão: Grace Guimarães Mosquera

1ª edição
1ª impressão — abril 2011
5.000 exemplares

Dados Internacionais de Catalogação na Publicação (CIP)
(Câmara Brasileira do Livro, SP, Brasil)

Parkin, John/Dane-se : o supremo caminho da espiritualidade
John Parkin ; tradução Nilza Nascimento.
São Paulo : Centro de Estudos Vida & Consciência Editora.
Título original: Fuck it : the ultimate spiritual way.

ISBN 978-85-7722-125-7

1. Autorrealização - Aspectos religiosos 2. Exercícios espirituais 3. Vida espiritual I. Título.

10-09574   CDD-204.2

Índices para catálogo sistemático:
1. Autorrealização : Aspectos religiosos : Cristianismo 204.2

Publicação, distribuição, impressão e acabamento
Centro de Estudos Vida & Consciência Editora Ltda.
Rua Agostinho Gomes, 2312
Ipiranga — CEP 04206-001
São Paulo — SP — Brasil
Fone/Fax: (11) 3577-3200/3577-3201
E-mail: grafica@vidaeconsciencia.com.br
Site: www.vidaeconsciencia.com.br

Proibida a reprodução total ou parcial desta obra, de qualquer forma ou por qualquer meio eletrônico, mecânico, inclusive através de processos xerográficos, sem permissão expressa do editor (Lei no 5.988, de 14/12/73).

Dedicado a Leone e Arco, meus garotos e meus modelos de Dane-se! neste mundo.

Sumário

Apresentação da edição brasileira — 7

Prefácio — 9

As preliminares — 11
Uma amostra: diga *Dane-se!* para algo, agora! — 11
Mensagem do autor — 12
Porque dizer Dane-se! é um ato espiritual — 13
Por que essa expressão tem tanto peso — 15
Como ler este livro — 18

1. Por que dizemos Dane-se! — 20
Dizemos Dane-se! quando desistimos de fazer algo que não queremos fazer — 20

Dizemos Dane-se! quando finalmente
fazemos algo que pensávamos não sermos capazes   22
Dizemos Dane-se! porque nossa vida tem significados demais   23

2. Técnicas essenciais para o Dane-se!   41
Relaxamento   41
Desapego   43
Aceitação   45
Observação imparcial   48
Respiração consciente   50

3. Dizendo Dane-se!   59
Diga Dane-se! para a comida   59
Diga Dane-se! nos seus relacionamentos   67
Diga Dane-se! para o mal-estar e a doença   73
Diga Dane-se! para o dinheiro   79
Diga Dane-se! para o tempo   83
Diga Dane-se! e desista de querer ser uma pessoa tranquila   84
Diga Dane-se! na criação dos filhos   88
Diga Dane-se! para o autocontrole e a disciplina   99
Diga Dane-se! para os planos e metas   104
Diga Dane-se! para o desejo de que o mundo
seja um lugar melhor   112
Diga Dane-se! para as mudanças climáticas   114
Diga Dane-se! para as questões pessoais   116
Diga Dane-se! para o que os outros pensam a seu respeito   120
Diga Dane-se! para o medo   130
Diga Dane-se! e seja egoísta   136

Diga Dane-se! para o seu emprego   142
Diga Dane-se! para o seu país   146
Diga Dane-se! para a procura   149

4. O efeito de dizer Dane-se!   155
A vida reage quando você diz Dane-se!   155
Os efeitos de dizer Dane-se! em sua mente   160
Os efeitos de dizer Dane-se! em seu corpo   166

5. O Método Dane-se!   170
As raízes do Método Dane-se!   171
Posturas sentadas reclinadas   175
Posturas sentadas eretas   180
Posturas em pé   184
Posturas em movimento   190

6. Aquele cigarro depois...   194
Foi bom para mim   194
Porque o Dane-se! é o Supremo Caminho Espiritual   195
Gostaria de vê-lo novamente   195

Agradecimentos   196

Informações adicionais   198

Apresentação da edição brasileira

Se fizermos uma rápida consulta ao *Dicionário Houaiss da Língua Portuguesa*, o verbete *foda-se* (uma locução) indica que "alguma coisa está perdida, que não tem mais solução ou cujos resultados fogem ao controle".

É justamente sobre isso que trata o livro em questão, cujo título em inglês *fuck it* equivale ao *foda-se* brasileiro. O livro tem um título original que realmente chama a atenção: é inusitado, inovador, atraente.

A sua leitura nos faz tomar ciência das nossas escolhas e nos permite, a cada capítulo, sentir mais prazer de viver, mais liberdade. De fato, há situações na vida em que um palavrão espanta de imediato nossos problemas, como se a força (a ênfase) dessa palavra fosse capaz de transportá-los para um lugar mágico. São aqueles momentos que nos causam imensa alegria ou extremada decepção.

As pessoas, em todos os lugares do mundo, têm por hábito falar palavrão para expressar seus arroubos de emoção. O nosso *foda-se* não tem definição e nem a pretensão de chocar. Muito pelo contrário. Diriam alguns estudiosos que a locução é um fenômeno linguístico. Outros, ainda mais apegados às tradições, à família e, principalmente, às propriedades, rotulariam como sendo uma expressão chula, de baixo calão ou de cunho vulgar e ofensivo. Alguns eruditos a transformariam em *cases* e teses, estudando-a como um plebeísmo, uma gíria ou até mesmo como uma obscenidade subliminar, com a diretriz de semear a agressividade e a imoralidade. Já os mais cultos a entenderiam como uma licença poética dos dias de estresse e da pressão da vida cotidiana.

Seguindo na esteira da licença poética, *foda-se* é apenas uma expressão, uma palavra de ordem e repúdio aos tormentos do dia a dia, assim como *dane-se!*, *chega!*, *basta!*, *vai te catar!*, *tô pouco me lixando!* e muitas outras expressões, cuja utilização na forma coloquial nos permite encontrar a liberdade que há tanto desejamos e que por muitas vezes fica esquecida.

Assim, como o importante não é a palavra, mas a intenção da mesma, tomamos a liberdade de adaptar o título e o texto do livro, sem mudar o sentido da tradução original, equivalendo o *fuck it* ao nosso já consagrado *dane-se*.

Ao declarar *Dane-se!*, buscamos simplesmente alcançar serenidade, equilíbrio e o resgate da autoestima, quando tudo parece perdido e sem solução. Experimente. Boa leitura!

Prefácio

Vou apenas escrever o que me vem à cabeça. Eu estava refletindo sobre isso — querendo fazer o melhor prefácio possível, porque este livro, sem dúvida, merece um, e tentando ser intelectualmente correto, quando, de repente, parei e percebi qual era minha tarefa: escrever um prefácio para um livro com o ousado e irreverente título *Dane-se!* Então, por que ponderar?

A solução para a libertação é universal e simples: livre-se de todas as histórias que você vem contando a si mesmo sobre a vida, sobre quem você é ou deveria ser, e, no mesmo instante, você se perceberá divino, todo-poderoso, magnífico e que ninguém pode detê-lo, assim como ninguém pode deter um ser divino, todo-poderoso e magnífico.

Fazer isso requer uma disposição para relaxar e soltar-se, não apenas uma vez, mas muitas, porque a parte de seu cérebro que está viciada nessas histórias e se identifica com elas é uma raposa astuta que lutará por manter esses hábitos, a cada tentativa.

Soltar-se exige que uma ordem seja dada à sua mente, uma ordem com a qual a sua mente se identifique e que provoque uma sensação espontânea de liberdade. E que ordem melhor do que dizer *Dane-se!*? Pois, no instante em que você profere essa expressão eloquente, está em comunhão com cada rebelde que já viveu, com todos os grandes libertadores do mundo, com cada dissidente que já fez oposição. Você é livre! — e, em sua liberdade, você é naturalmente magnífico.

John e eu somos almas gêmeas. Ele me inspira profundamente, e acredito que seu brilhante livro seja uma importante contribuição para a humanidade.

Barefoot Doctor[1]

---

1   Pseudônimo de Stephen Russell. Barefoot Doctor, literalmente "Médico Descalço" era uma designação atribuída a agricultores da China treinados em primeiros socorros e cuidados básicos de saúde, para atender à população rural onde não existiam médicos convencionais, numa época anterior à Revolução Comunista. Hoje esse termo é adotado por alguns mestres e seguidores do taoísmo, como é o caso de Stephen Russell.

As preliminares

Uma amostra: diga *Dane-se!* para algo, agora!

Quando você diz Dane-se!, livra-se de algo a que está apegado, em geral, algo que lhe causa sofrimento.

Quando você diz Dane-se!, cede ao fluxo da vida — para de fazer o que não quer, e finalmente faz o que sempre quis fazer. Deixa de ouvir os outros e começa a ouvir a si mesmo.

Quando você diz Dane-se!, realiza um ato espiritual (o mais importante, na verdade), porque você abdica, abandona-se, para de resistir e relaxa, retomando o fluxo natural da própria vida (também conhecido por Tao, Deus, etc.).

Quando você diz Dane-se!, (em geral) para de se preocupar, deixa (principalmente) de querer e acaba sendo muito feliz por ser você mesmo, no momento presente (se tiver sorte).

Portanto, antes de entrarmos de braços dados nesse mar de sabedoria, faça, agora mesmo, uma experiência. Diga Dane-se! para algo. Pode ser algo pequeno (como ir até a geladeira e devorar um doce) ou algo grande (dar um pulo até aquele cara folgado que você chama de sócio e mandá-lo andar).

Diga Dane-se! para alguma coisa... qualquer coisa. E sinta a liberdade e o alívio que isso traz. Multiplique à décima potência, imagine sentir-se assim a maior parte do tempo, e você terá uma ideia daquilo em que está mergulhando. E, por último, antes de pular, vamos GRITAR juntos...

Daaaaaaaaaane-seeee!

Mensagem do autor

É claro que este livro inteiro contém mensagens do autor. Mas esta parte em especial, é uma mensagem que vai à frente, de motocicleta (como o batedor que vai à frente da comitiva), para conhecê-lo e prepará-lo para a chegada da mensagem propriamente dita. Portanto, o batedor tira o seu capacete (ui, que medo!)... E dá uma risadinha abafada. Depois de se controlar, ele lhe conta por que está rindo.

Esta mensagem chegará (geralmente) num formato divertido. As coisas em geral são mais fáceis de serem engolidas e digeridas dessa forma. Como dizia a famosa feiticeira-guru dos anos sessenta, Mary Poppins: "Uma colherada de açúcar ajuda a engolir o remédio". Principalmente quando a colherada de açúcar-remédio que você está prestes a ingerir tem o sabor de qualquer coisa que você queira: que para o Michael era morango e... "bem, ponche de rum" para Mary Poppins.

Por isso, escolha o seu sabor e eu tentarei fazer a sua vontade.

O que eu quero lhe dizer é que a mensagem é sobre não levar as coisas tão a sério. Nesse caso, o remédio em si é 100% açúcar (com o sabor da sua preferência, é claro).

Para nós, a vida é feita de coisas que nos são importantes. Nosso sistema de valores resume-se às coisas com as quais escolhemos nos importar (ou nos foram passadas por "condicionamento"). E as coisas que são importantes são aquelas que levamos a sério.

Quando dizemos Dane-se! (e nós geralmente o dizemos quando as coisas que têm importância deram errado), reconhecemos que a coisa, a que dávamos importância, não era tão importante assim. Em outras palavras, por meio de uma circunstância infeliz, paramos de levar a sério algo que costumávamos levar muito a sério.

Coisas que importam são sérias. Coisas que não importam fazem parte do terreno do riso e da alegria.

Agora, seu cérebro deve estar zumbindo como uma mosca numa caixa de sapatos, atordoada pelo cheiro de carne podre. Porque há a possibilidade de as coisas não serem importantes... bem, isso deve fazer a sua cabeça pirar. Mas, para a maioria de nós, há também um irresistível perfume de liberdade quando descobrimos que, afinal de contas, as coisas podem não ter tanta importância assim.

Porque dizer Dane-se! é um ato espiritual

Quando dizemos Dane-se! para as coisas que nos incomodam (que têm importância demais) realizamos um ato espiritual. Dane-se! é a perfeita expressão ocidental para as ideias espirituais orientais de se deixar ir, abdicar, e soltar as coisas às quais estamos ligados (apegados).

É claro que poderíamos argumentar até a segunda transada (hummm... você não adora essa expressão?) sobre o verdadeiro significado de "espiritual". Num sentido amplo, espiritual é normalmente definido como não-material, tanto na ausência de forma quanto na ausência de aparência. Mas isso não me diz muito. Posso ter sentimentos "espirituais" a partir das coisas mais materiais e corriqueiras. Então, não vamos ficar loucos para encontrar uma definição verdadeira — basta dizer que ambos conseguimos o que queremos quando dizemos "espiritual". Na minha experiência, sempre que relaxamos profundamente, nos abrimos para o espiritual.

Quando dizemos Dane-se! para algo, nos movemos da tensão e do apego para o relaxamento e a liberdade. Todas as filosofias, todas as religiões, todas as disciplinas espirituais prometem a mesma coisa — liberdade.

O problema é que é muito difícil cumprir essa promessa.

Para dizer a verdade, qualquer filosofia que pudesse cumprir essa promessa seria a suprema filosofia... bem-vindo à filosofia do Dane-se!

O problema para a maioria de nós ocidentais — tão estressados, nervosos, ansiosos e controladores — é que precisamos de alguma coisa com a força da expressão Dane-se! para nos sacudir e nos empurrar para um estado mais relaxado.

Essa filosofia tem também a vantagem de não precisar fazer nenhuma das seguintes coisas:

- Rezar.
- Entoar cânticos.
- Meditar.
- Usar sandálias.
- Cantar músicas acompanhadas por guitarras acústicas.
- Desenvolver a crença de que você está certo e todo mundo está errado.
- Matar pessoas.
- Comer grãos ou vegetais.
- Vestir a cor laranja.
- Parar de fazer coisas que você quer fazer.

- Seguir regras.
- Fingir estar feliz quando você não está.
- Dizer "Amém", a menos que você realmente queira.

Amém!

Por que essa expressão tem tanto peso

Um livro como este já é controverso apenas por usar a locução "dane-se" com o mesmo sentido da palavra "foda". É realmente engraçado. Primeiro, porque a filosofia por trás dele é realmente anárquica, e não o uso da palavra em si. Mas, principalmente, porque leva muito tempo para uma palavra perder a sua força. A palavra "foda" é realmente maravilhosa.

É maravilhosa porque é um termo chulo para a expressão "relações sexuais". Isso por si só já é motivo para diversão, e foi como o seu significado se espalhou. "Foder" quer literalmente dizer "fazer sexo", que, na verdade, não é um insulto, mas sim uma boa sugestão. "Que foda!" seria, então, "que sexo bom!", o que, num momento de frustração, até que não é uma coisa ruim de se considerar.

Mas essa palavra tem o poder de chocar. E percebe-se isso, pois era raramente usada e mal ouvida na maioria dos círculos sociais. Nos anos 1980 e 90, ela começou a se infiltrar no cotidiano da língua, atravessando classes, raças e idades como uma manifestação de escolha. Sua maleabilidade é espantosa: tanto que ela pode ser usada como qualquer componente do discurso — verbo, advérbio, substantivo, adjetivo[2]. Veja:

---

2   No texto original a palavra *fuck* é utilizada com categorias gramaticais variadas e não passíveis de tradução; ela contém conotações que só na língua inglesa fazem o sentido que o autor tenta explicar:

— Aí eu pensei, me fodi! (verbo), no momento em que a professora me entregou aquela prova fodida (adjetivo), embora eu tivesse estudado pra cacete (advérbio).

Essa palavra, por algumas pessoas, é dita a cada duas na frase.

E o notável disso é que — mesmo com essa capacidade de se disseminar como um vírus — essa palavra conservou muito de sua força.

É verdade que hoje é até aceitável colocá-la na capa de um livro de uma maneira que não seria possível há vinte anos. No entanto, é essa mesma palavra que está por trás do verbete Dane-se! e por esse motivo chama tanta atenção para o livro.

Tem tudo a ver com anarquia

Dizer Dane-se! é como "dar uma banana" para o mundo das convenções, da autoridade, do significado e da ordem. E isso é anarquia. "Anarquia" significa, literalmente, "ausência de governante". Os anarquistas propõem um Estado sem governantes ou líderes. Mas o sentido mais amplo de "anarquia" é a ausência de qualquer padrão, propósito ou significado comuns.

E esse é o ponto-chave para o sentido anárquico do Dane-se! Na vida, tudo reforça nossa busca inexorável de significado e a

---

"I thought, 'Fuck me' (verb), the moment she fucking climbed (adverb) out of the fucking car (adjective), I just didn't give a fuck (noun), I mean, like, fuck (conjunction), I had to fucking (adverb) fuck (verb) it (misogynistic use of the impersonal noun and just fucking rude)."

Fazendo uma transposição cultural do termo inglês *fuck* para o seu equivalente conotativo em português, empregamos outros termos chulos que expressam a mesma carga emocional: "porra!", "caralho!", "colhão/colhões". Por exemplo: "Ele estudou pra caralho!","Tira essa porra daqui!".

Dessa forma, optamos por criar um exemplo simples em português para manter a coerência com o que foi dito na sentença anterior e manter o seu original em inglês.

procura de inúmeros significados. Embora os significados nos causem sofrimento, tudo ao nosso redor fortalece o processo de se ir em busca deles.

Para viver de maneira harmoniosa, tentamos nos moldar aos padrões, propósitos e significados.

Portanto, qualquer coisa que ameace alguns desses significados coletivos — as vacas sagradas de nossos universos semânticos — é uma grande ameaça. O anarquismo (ausência real de significado e propósito) é a maior ameaça de todas.

A conotação política mais estreita de anarquismo — subverter o Estado — não é nada comparado com o poder incorruptível de seu verdadeiro significado: destruir uma percepção comum de significado e propósito. Anarquismo, nesse sentido, é a filosofia mais radical que o homem jamais concebeu.

Quando você diz Dane-se!, é isto que está fazendo: você está penetrando em uma filosofia que assusta qualquer ser humano de maneira violenta.

Portanto, Dane-se! está carregada de dois tipos de explosivos: a palavra encerra em si mesma um golpe impressionante e ofensivo; e a expressão, faz uso da filosofia da anarquia pura.

E antes que você fique assustado e pare de ler, pensando "eu não estou interessado em anarquia", aqui vai uma nota de rodapé interessante e filosófica escondida dentro da etimologia da palavra "anarquia": **Anarchos** (sim, a propósito, ela vem do grego) era uma descrição em geral aplicada a Deus — ser "sem causa" e "sem começo", considerado como divino.

Esse é um grande momento. Um momento em que estádios inteiros (ou **stadia,** se conhece latim), cheios de pessoas deveriam se levantar, aplaudir e aclamar. Aqui estou eu, escrevendo sobre Dane--se! ser o supremo caminho espiritual (que, a propósito, ele é) e argumentando na sua mais pura essência, e descubro que Deus, nada menos que DEUS, era designado por — **Anarchos**.

Santa mãe de Deus!, e pai também, essa é uma boa notícia. Qualquer um pensaria que houve um deus me guiando durante a apresentação de Sua Suprema Filosofia. Mas, olha Deus, desculpe, mas, o conceito todo a Seu respeito é um conceito de significado comumente aceito ao qual nós, de modo anárquico, temos que dizer Dane-se!

Desculpe, Deus.

Como ler este livro

A maioria de vocês do Ocidente tendem a ler este livro do começo (frente) para o fim (atrás), a não ser que você seja uma daquelas pessoas acostumadas a ler revistas de celebridades e que prefere dar uma folheada de trás para a frente. Só para você saber, não vai adiantar nada conhecer o final (porque, afinal, esta capa já diz tudo, tudo).

Se você for de um país onde se leem os livros de trás para a frente, experimente, embora as palavras não farão muito sentido; então, é melhor esperar que o livro seja traduzido (e eu estou aguardando, ansioso, algumas traduções equivocadas do título, do tipo "Faça sexo: Encontre Deus por meio do Sexo com Objetos Inanimados").

Mas aqui vai uma ótima maneira de se ler este livro que serve para todos (no Ocidente e no Oriente): tente abrir o livro de modo aleatório e veja o que aparece. É como usar cartas de tarô. Quem sabe como isso funciona? Mas parece que funciona. Faça uma tentativa agora, apenas para confirmar (e se surpreenda). Feche o livro. Respire profundamente e se concentre em encontrar algo que você precise no momento. Daí abra o livro ao acaso. Vamos, faça isso. É um ótimo jeito de ler. Se você fizer isso com regularidade e tirar sempre a mesma página, então é provável que ainda esteja funcionando: sou eu lhe dizendo, a distância, que você realmente precisa se concentrar naquela área de sua vida.

    Outra forma muito boa de se ler este livro é ler uma seção, daí sair por aí e dizer às pessoas o quanto você está gostando e como a sua vida está mudando minuto a minuto. Dessa forma você se beneficia (bom carma para divulgar a palavra), beneficia outras pessoas (que se beneficiam da mensagem) e beneficia a mim (que estou usando todos os lucros deste livro para construir uma casa feita de chocolate que vou comer bem devagar, e então pedir uma indenização à companhia de seguros alegando que foram cupins, e começar essa maldita coisa tudo de novo).

1.
Por que dizemos Dane-se!

Dizemos Dane-se! quando desistimos de fazer algo que não queremos fazer

Toda semana você limpa as janelas de sua casa/apartamento/barco. Você faz isso religiosa e conscienciosamente. Mas agora você está entediado com isso. Você faz isso porque sua mãe sempre lhe disse que janelas limpas falam muito sobre quem é seu proprietário. Alguém com as janelas sujas — ela achava — era provável que também fosse sujo.

Mas o sofrimento de realizar isso toda semana tornou-se tão grande recentemente, que uma bela segunda-feira você apenas diz Dane-se! e vai assistir à tevê o dia todo, com um pacote de bolachas de chocolate nas mãos, em vez de se exercitar. E se sente ótimo. Você gosta de ver as janelas cada vez mais sujas a cada semana. Elas se tornam o símbolo de sua nova liberdade. Quando fica difícil enxergar através das janelas, você contrata alguém para limpá-las. E se sente mais feliz ainda com essa sua nova atitude. Dane-se! se o faxineiro contratado for jovem e em forma... E, por assim dizer, você se diverte abrindo uma lata de Coca *diet*.

Quando as coisas que pensávamos ser importantes para nós começam a nos causar sofrimento, é chegado o momento de dizer Dane-se! É quando paramos de fazê-las e passamos a fazer algo mais divertido em seu lugar. Portanto:

- Dizemos Dane-se! para tentar entrar em forma e, em vez disso, vamos assistir à tevê.
- Dizemos Dane-se! para a tentativa de ser simpáticos com as pessoas que não gostamos e passamos a ignorá-las.
- Dizemos Dane-se! para a pontualidade no trabalho e tentamos chegar atrasados.
- Dizemos Dane-se! para a limpeza e contratamos um faxineiro.
- Dizemos Dane-se! a Deus e passamos a venerar o Diabo.

Na verdade, dizemos Dane-se! sempre que desistimos de fazer algo que está nos causando sofrimento. Ou simplesmente desistir de ser alguém que não queremos ser. Podemos dizer Dane-se! e parar de nos preocupar com algo que pensávamos que deveríamos nos preocupar.

Dizemos Dane-se! a todas as obrigações: família, amigos, trabalho, sociedade e tudo o mais no mundo lá fora. A pressão que todos nos colocam para ser de uma certa forma e fazer certas coisas apenas torna-se pesada demais. Então, dizemos Dane-se! e fazemos o que desejamos.

Dizemos Dane-se! quando finalmente fazemos algo que pensávamos não sermos capazes

Então, finalmente passamos a fazer o que desejamos. Por uma razão qualquer, paramos de evitar fazer um monte de coisas que gostaríamos, porque achamos que não deveríamos.

Nesse exato momento, há pessoas dizendo Dane-se! e:

- Indo, finalmente, ver o garoto/a garota que gostam e lhes dizendo o que sentem.
- Largando empregos dos quais estavam fartos para irem viajar pelo mundo.
- Conversando francamente com um amigo ou membro da família.
- Tirando uma licença pela primeira vez em sua vida profissional.
- Espiando no guarda-roupa da esposa e experimentando aquele lindo vestido de festa.
- Falando alto em bibliotecas.
- Comendo um bolo inteiro de chocolate.
- Fazendo um gesto obsceno para outro motorista e fugindo em alta velocidade.
- Deitando-se na grama, olhando para o céu durante horas.

Isso é liberdade. Fazer finalmente, o que se quer de verdade. Dizer Dane-se! para o mundo e para o que os outros pensam a seu respeito e ir atrás de seus desejos.

Esse é o momento, de você tocar uma música, um rock, como acompanhamento. Isso é o que dizem aqueles velhos anúncios das calças Levi's: entrar num escritório, montado numa motocicleta, agarrar a garota e dirigir em direção ao o pôr do sol.

Então, aumente a velocidade de sua moto e cante **Born to be wild,** do Steppenwolf[3] comigo.

3   É considerada a primeira música no estilo *heavy metal*, escrita por

Dizemos Dane-se! porque nossa vida tem significados demais

No âmago de qualquer declaração Dane-se!, está a nossa relação com o significado em nossas vidas. A verdade é que nossas vidas são sobrecarregadas de significados. O que é uma bela piada cósmica. Tendemos a achar que nossa luta de vida é encontrar significados: queremos encontrar coisas significativas para fazer; nos preocupamos com o verdadeiro significado da vida; nos preocupamos com a falta de sentido. E, no entanto, é o acúmulo de significados que causa o grande sofrimento para o qual temos que dizer Dane-se!

Paramos de limpar as janelas porque o sofrimento de limpar as janelas tornou-se maior do que o significado que atribuímos a ter janelas limpas (que nos foi incutido por nossos pais).

E nos atiramos na estrada porque a sensação de viajar sem rumo definido suplantou o significado da carreira estruturada, do financiamento da casa própria e da compra de uma TV LCD.

Vamos, portanto, conhecer a história do significado (e do sofrimento).

Como preenchemos a nossa vida com significados

Oh, droga! Vejam quem acabou de aparecer. É o Eamonn Andrews (ou o Michael Aspel[4], dependendo de sua idade, leitor).

Mars Bonfire e que se tornou conhecida na voz da banda de rock americana Steppenwolf, em 1969. É geralmente associada à imagem de motoqueiros ou de alguém que demonstre atitude ousada e firme, que não se deixa intimidar.

4   Eamonn Andrews, famoso apresentador da tevê britânica, que entre 1955 e 1987 – ano em que faleceu –, apresentou o programa *That's Your Life!* (*Esta é a Sua Vida!*). Michael Aspel, jornalista inglês e apresentador de tevê, veio a substituir Eamonn Andrews.

[Um Jota Silvestre ou um Fausto Silva, fazendo um programa do tipo ***Esta é a sua vida!***]. Ele entrou no banheiro só para pegá-lo lendo esse livro... ou subiu no ônibus... ou saltou do guarda-roupa do seu quarto, só para dizer: "Esta é a sua vida!".

Então você se levanta e abre caminho, de onde estiver, junto com ele. E aí nós cortamos para o estúdio cheio de pessoas ligadas à sua vida e com um telão nos fundos com uma foto sua. Você aparece então com o Eamonn, como se tivessem construído o estúdio exatamente ao lado da sua casa. E lá vamos nós: você nasceu numa casa geminada no subúrbio, em 1965, filho de Jean e Derek Mayhew, etc., etc.

Mas estamos falando de você. Portanto, volte à data em que ***você*** nasceu. E vamos nos juntar a você, tentando respirar, assim que saiu daquele lugar quentinho, escuro e maravilhoso, onde passou seus últimos nove meses. Que choque terrível! Todas aquelas luzes fortes, aquelas pessoas, e não há nenhum líquido no qual flutuar — só espaço, só ar.

Aí está você. Acaba de entrar num espaço que não tem o menor significado para você. E que não lhe diz o menor respeito nesse momento. Por enquanto, você vai ser feliz com significados simples: o seio materno significa alimento e bebida e bem... o seio materno significa comida e bebida. Todas aquelas pessoas olhando espantadas e fazendo sons estranhos não significam nada para você.

Os significados virão de modo natural. E normalmente relacionados ao fato de causar ou prazer ou dor. O seio é prazer. Sensação estranha na barriga é dor.

Eamonn agora vira a página da sua vida e o encontra por volta dos quatro anos, brincando. Você consegue se lembrar de como se sentia naquela ocasião? Consegue se lembrar do prazer que tinha nas mais simples coisas? Observar as gotas de chuva escorrendo pela vidraça; ir lá fora, olhar o céu e sentir a chuva em seu rosto. Você adorava o cheiro da chuva no concreto seco. Às vezes você tinha ideia de ir a algum lugar ou fazer algo. Mas, no geral, você era bem feliz exatamente onde estava: imerso na textura de tudo ao seu redor.

O significado das coisas tinha aumentado: muitas coisas lhe davam prazer e algumas, dor. E agora, você estava bastante consciente de que coisas eram aquelas, a ponto de algumas vezes tentar substituir algumas das coisas dolorosas por outras prazerosas. E, enquanto folheia as páginas de sua vida, olhando fotos suas de quando era adolescente, a busca natural por significado continua.

A essa altura, o que tem significado para nós é ter amigos e sermos amados pelas pessoas, ter pessoas que nos agradem ao nosso redor, ter em volta de nós pessoas que nos amem, irmos bem na escola, em algum esporte ou tocarmos um instrumento musical.

E nosso mundo de significados torna-se mais sofisticado: às vezes, esse significado resume-se só a se divertir; às vezes, diz respeito a ter a aprovação dos outros, a ter satisfação em algo que estamos fazendo; outras ainda, a ajudar outras pessoas.

Enquanto vamos virando as páginas — passando pela universidade, pelo primeiro emprego, pelos relacionamentos, uma família, quem sabe —, vemos a trama de significados que fazem a nossa vida se tornar mais e mais elaborada. Ou, como um escoteiro que acumula distintivos no braço, vamos acrescentando, lenta, mas, seguramente, coisas à lista do que tem significado para nós.

E isso, para a maioria das pessoas, é a vida. E, muito provável, essa é a sua vida.

Criamos uma vida repleta de coisas que têm significado para nós: coisas que são importantes. Ou poderíamos dizer que essas coisas são os nossos valores, são as coisas que valorizamos na vida.

Quanto melhores empregados somos, mais nosso trabalho nos é importante.

Quanto melhores companheiros somos, mais aquele relacionamento nos é importante.

Quanto melhores cidadãos, mais o bem-estar de outras pessoas nos é importante.

As coisas são importantes. E para a maioria de nós, são importantes por muito tempo.

Tudo na sociedade confirma que as coisas devem ter importância... então nunca questionamos isso. Mas à medida que vivemos, essa lista se torna cada vez mais extensa. Por isso, enquanto o Eamonn vai deslizando seu trem de reflexões até o presente, dê uma olhada no que é importante para você. Provavelmente você vai assinalar um bom número das seguintes coisas:

- Sua aparência: se parece gordo demais, velho demais, baixo demais, alto demais.
- Se você é bem-sucedido naquilo que escolheu fazer com a sua vida.
- As pessoas ao seu redor: família, amigos, companheiro (a).
- Fazer a diferença com a sua vida: ajudando outras pessoas ou fazendo algo para mudar as coisas para melhor.
- Dinheiro: simplesmente tendo o suficiente, ou alcançando um ponto em que tem muito dinheiro.
- Ter contas a pagar.
- Gozar de boas férias todo ano.
- Fazer o que é correto sempre que puder.
- Ser confiável.
- Rir.
- Tentar fazer algo com a sua vida.
- Deus/Buda/Moisés, etc.
- Sua saúde.

- Encontrar o seu verdadeiro eu.
- Encontrar o seu propósito de vida.
- Encontrar paz interior.
- Chegar na hora ao trabalho.
- Cumprir prazos.
- Dar bom exemplo.
- Não falar palavrões na frente das crianças.
- Não virar tudo de ponta-cabeça.
- Falar a sua verdade.
- Ter tempo livre.
- Jardinagem.
- Música.
- Manter-se atualizado com a novela, **Big Brother**, seriados, etc.
- Dar apoio às pessoas, quando elas precisarem.
- Ter um belo carro — ou ter apenas um carro que o leve de A a B.

É claro que poderíamos continuar a lista indefinidamente. Porque há infinitos significados possíveis neste mundo... um potencial infinito para as coisas terem importância.

Então, por um momento, compare a lista que você tem hoje com aquela sua imagem de criança de quatro anos de idade. Puxa, as responsabilidades da vida adulta, hein! Praticamente, sem perceber, você criou para si mesmo um comboio inteiro de coisas que têm importância.

Burt Reynolds está na frente do caminhão de coisas que são realmente importantes para você. E atrás de você, você tem um caminhão, perua ou bicicleta de coisas que lhe são importantes. E dá um baita trabalho manter esse comboio na estrada! Dez-quatro[5].

5   Código de rádio que significa "mensagem recebida"/"Entendido".

A vida pode ter outros planos

Estamos descendo a autoestrada em direção ao Arizona. A Banda ZZ Top está a todo o vapor. Meu bigode é belo e masculino. Estou com uma loira usando shortinhos anos 1970 ao meu lado. O que mais pode um homem querer?

Mas este comboio é de minha responsabilidade. Afinal de contas, fui eu quem o colocou na estrada. E não importa com que capricho o Chuck faz a manutenção dos veículos (e das mulheres, eh, eh, eh...). Com tantas máquinas ruins na estrada, há sempre a possibilidade de problemas mecânicos.

Pode ser um problema na carroceria. Isso pode nos atrasar um pouco, mas não vai nos deter.

Pode ser um problema com a correia da ventoinha em uma das **pick-ups**, mas resolvo isso surrupiando algumas meias-calças de mulher. Mas nós temos 34 eixos. E 34 juntas de vedação quentes.

Sem falar dos sistemas de injeção, diferenciais com autobloqueio, rolamentos, eixo (você deveria ver o meu; qualquer problema mecânico que surja ali, teremos uma legião de doçuras desapontadas).

E há também o tempo. E que tempo pegamos aqui. Enchentes repentinas. Furacões. Tempestades de granizos capazes de matar uma pessoa.

Nossa vida de coisas que têm importância é assim. Cada coisa que nos é importante nos expõe aos elementos da vida. Cada coisa que tem importância para nós é como ter um plano para a vida e esperar que a vida obedeça a ele.

Mas a vida pode ter outros planos.

Portanto, não importa o quanto nos esforcemos para ficar saudáveis, algumas vezes adoecemos.

Não interessa o quanto tentemos chegar ao trabalho na hora, algumas vezes nos atrasamos.

Não importa o quanto tentemos fazer a coisa certa, às vezes ficamos bêbados e fazemos o que é errado.

Não importa o quanto queiramos ser amados, às vezes não somos... ninguém nos telefona e nos sentimos péssimos.

Às vezes, a vida tem outras ideias sobre algumas coisas que são importantes.

Às vezes, a vida tem outras ideias sobre essas coisas todas.

Quanto maior o nosso comboio de coisas importantes, maior a probabilidade de que a vida ferre com a gente.

Significado é sofrimento

Qualquer coisa que tenha significado para nós — qualquer coisa que seja importante para nós — tem o potencial de nos causar dor. Significado é uma caixa com cores vivas que contém sofrimento dentro dela. E, às vezes — sem que a gente queira —, a tampa se abre, e a dor começa a sair de lá de dentro.

O problema é que significado — a importância das coisas — é igual a apego. E, qualquer coisa à qual estejamos ligados, tem o potencial de se voltar contra nós e nos atacar.

Os budistas dão grande importância à questão do apego. E você vai entender por quê. Para eles é o equivalente a pecado. Estar livre de apegos o conduz pela estrada da total libertação. Na verdade, esse ato pode ser a própria estrada. E o acostamento. E todos os restaurantes da estrada, ao longo do percurso. E os banheiros nas áreas de descanso, também. Embora eu não esteja inteiramente certo a respeito desse último ponto. Pode ser um pouco de exagero.

Aqui está a dificuldade — você tenta liquidar os seus apegos. Livrar-se de todos os seus desejos. Não é fácil. Não, é como dizer que correr um quilômetro e meio num tempo recorde de 30 segundos não é fácil. Há uma grande chance de não ser possível, jamais.

Mas, de qualquer maneira — continuando com a argumentação —, eu não quero desanimá-lo demais. Não ainda, pelo menos. Por ora, é suficiente dizer que significado de qualquer tipo é apego. E apego carrega alguma forma de tensão. Quando o significado se vai, vai-se também o apego. E também a tensão.

A perspectiva nos ensina sobre o significado.

Você talvez se lembre disto de um filme de James Bond, ou talvez de uma daquelas revistas que falavam como seria a vida no futuro (e é claro, não foi): a figura de um homem em pé, agarrado a duas barras, decolando e voando. Propulsão a jato para uma pessoa. Você puxa a alavanca, acelera e sobe a trezentos metros de altura. Vamos chamar isso de "Máquina da Perspectiva".

Estamos sobrevoando as florestas da vida, olhando as árvores. E as árvores são todas as coisas que são importantes para nós. Gostamos da aparência de algumas e cuidamos delas... outras caem à nossa frente. Outras caem em cima de nós. Porque às vezes as coisas vão muito mal. Coisas horríveis nos acontecem, ou ao nosso redor. Alguém próximo morre; nos envolvemos em um acidente; descobrimos que temos uma doença grave, e assim por diante.

Quando essas coisas acontecem, a Máquina da Perspectiva continua voando em meio à floresta em direção ao céu. E mal conseguimos ver daqui de cima todas as coisas que tinham tanta importância.

Alguém que descobre que tem um câncer, de repente não consegue entender por que antes se preocupava com tantas coisas insignificantes: a bandeja de entrada, na mesa de trabalho; conseguir pagar impostos; ter-se sobrecarregado nos últimos anos. Num instante, todas aquelas coisas que pareciam tão importantes, de repente parecem importar muito pouco ou nada.

Dependurado lá na Máquina da Perspectiva, você ainda consegue ver as árvores lá embaixo, mas elas parecem tão menores agora... E agora que você pode ver todas as florestas e campos ao redor, você percebe que as árvores são realmente muito insignificantes.

Depois dos acontecimentos de 11 de setembro, 7 de julho, ou o ***tsunami***[6], muitos de nós subimos na nossa Máquina da Perspectiva. De súbito, todas aquelas pequenas coisas com as quais nos preocupávamos passam a parecer pateticamente irrelevantes. Estamos vivos e nossa família também. E isso é tudo o que importa.

Qualquer coisa que mande nossa Máquina da Perspectiva lá para cima — desde uma tragédia pessoal a uma global, que nos leve a refletir — é equivalente a dizer Dane-se! para todas as preocupações comuns de nossa vida:

Dane-se!; com o que eu estava me preocupando?

Dane-se!; realmente preciso viver e parar de ficar preso a essas pequenas coisas.

Dane-se!; eu vou ajudar as pessoas, e fazer a diferença.

É claro que podemos, também, iniciar um processo de reflexão que leve a nossa Máquina da Perspectiva lá para a estratosfera.

É mais ou menos assim: eu sou só uma pessoa entre 6,5 bilhões de pessoas na Terra. Ou seja, uma dentre 6,5 bilhões de pessoas. Puxa, um monte de estádios Wembley lotados, e ainda muito mais ônibus de dois andares (aparentemente as medidas-padrão britânicas de tamanho)! E vivemos numa Terra que gira no espaço a uma velocidade de 107 mil km/h ao redor de um Sol que é o centro do nosso

---

[6] O autor se refere aos ataques de 11 de setembro de 2001 em Nova York, à sequência de *tsunamis* fatais no oceano Índico em 26 de dezembro de 2004 e às bombas nas estações de metrô de Londres em 07 de julho de 2005.

sistema solar (e o nosso sistema solar gira ao redor do centro da Via Láctea a uma velocidade de 853 mil km/h).

Só o nosso sistema solar (que é uma partícula minúscula dentro de todo o universo) é de fato muito grande. Se a Terra fosse um grão de pimenta e Júpiter uma castanha (medidas-padrão americanas), você teria que colocá-los com uma distância de 100 metros entre ambos para se ter a noção real da distância entre nós e o planeta Júpiter.

E esta galáxia é apenas uma dentre muitas. Na verdade, existe a possibilidade de que haja muitos e muitos mais planetas habitados — exatamente como o nosso — em outras galáxias.

Isso só considerando o espaço.

Vamos dar uma olhada no tempo, também. Se você tiver sorte, pode viver 85 anos na Terra. O homem está na Terra há 100 mil anos, portanto, você vai gastar apenas 0,00085% da história da humanidade vivendo na Terra. E, no contexto da existência do planeta Terra (que tem 4,5 bilhões de anos), a vida humana aqui é bem pequena: se a Terra tivesse o tempo de existência de um dia, por exemplo (supondo que o Big-Bang, que deu origem à Terra, aconteceu à zero hora), o homem só teria aparecido na Terra às 23 horas 59 minutos e 58 segundos (23h59min58s), ou seja, só estaríamos vivendo na Terra durante os últimos dois segundos de sua existência.

A existência de uma pessoa passa como um raio. Há relativamente poucas pessoas hoje na Terra que estavam aqui há 100 anos. Assim como você partirá logo (falando de modo relativo).

Portanto, só uma breve olhada no contexto espacial e temporal de nossas vidas, mostra-nos como somos completamente insignificantes. À medida que a Máquina da Perspectiva se afasta muito mais acima da floresta, tudo o que vemos é apenas uma luz em movimento. É linda. Uma pequena luz que brilha, suave. É um vaga-lume perdido no cosmos. E um vaga-lume, na Terra, vive só por uma noite. Ele brilha maravilhosamente, depois se vai.

E lá bem no alto em nossa Máquina da Perspectiva, compreendemos que nossas vidas são exatamente como a dos vaga-lumes. Exceto se o ar estiver cheio de 6,5 bilhões de vaga-lumes. Eles brilham, maravilhosos, por uma noite. E depois se vão.

Então, Dane-se!, você também pode REALMENTE brilhar.

E lá vamos nós de novo. Sentiu o gosto? Era o sabor fugaz da liberdade. Às vezes ele não dura muito. Mas tem um sabor inesquecível.

Pessoalmente, sempre experimentei esse sabor ao contemplar a insignificância de minha própria existência. É um rasgo de liberdade e tem um sabor muito bom: se minha vida significa tão pouco, então Dane-se!, eu também quero experimentá-la e dar uma bela risada.

O que acontece quando os significados se tornam excessivos

Estamos a ponto de levar a Máquina da Perspectiva tão distante no espaço, que ela pode se dissolver como açúcar numa xícara de chá quente.

Pode ser que nunca aconteça com você, mas às vezes a vida se despedaça. E é como uma daquelas cenas espetaculares de um filme de ação dos anos 1970, em que um carro atravessa uma barreira numa esquina de uma ladeira íngreme, choca-se contra as rochas, fica todo amassado, desce a ladeira, e se despedaça penhasco abaixo até encontrar o solo — agora um amontoado de destroços. Daí há uma pausa. E então ele explode em chamas.

Isso poderia ter sido desencadeado por uma das grandes coisas que falamos antes: uma das coisas que normalmente lhe dá uma grande dimensão da perspectiva. Mas nem sempre essas coisas levam à destruição da vida. As pessoas conservam sua serenidade diante das provações e tragédias mais incríveis. Mas, normalmente, as vidas se despedaçam quando algumas das coisas em que as pessoas puseram muito significado dão muito errado.

Porém, a vida também se despedaça por razões óbvias.

Quando uma vida se despedaça, você e aqueles à sua volta sentem isso. Não é uma aula de perspectiva. Não é uma lição de nada. É só um vazio profundo e escuro de desespero. É quando as pessoas acham que chegaram ao fundo do poço e simplesmente continuam vivendo.

Eu próprio experimentei um momento desses alguns anos atrás. Não foi algo tão sério como despencar pelo desfiladeiro, foi mais uma queda desastrosa. Mas foi algo semelhante aos machucados causados por uma chicotada, ruins o suficiente para manter-me afastado das atividades por pelo menos um dia por semana.

Deixe-me fazer um retrato dessa cena cotidiana de colisão. Estivemos vagando por meses pela Europa num *trailer*, quase sem preocupações. O verão parecia não ter fim. Mais ainda porque estávamos na praia e nadando no mar Adriático, no sul da Itália, em fins de outubro. Mas chegou o momento em que tínhamos que voltar a Londres e ganhar algum dinheiro antes de nos colocarmos na estrada de novo (quando quer que isso fosse acontecer).

Chegamos a Londres no dia cinco de novembro. Normalmente um dia de moderada excitação para mim, dada a perspectiva de uma dinamite explodir, de eu escrever o meu nome com letras brilhantes e conseguir uns pedaços de papel alumínio entre os dentes, comendo uma ***baked potato***. Fazia três dias que tínhamos deixado para trás o sol, o mar e o surfe para enfrentar as ruas cinzentas e garoentas de Balham. Isso, mais a perspectiva de ter de trabalhar e a rápida deterioração de minha saúde, me puseram totalmente para baixo.

Na noite seguinte estávamos discutindo sobre como tirar o sofá de dentro do nosso ***trailer*** para colocá-lo dentro de nosso novo lar, um pequeno apartamento na Balham High Road, quando perdi a cabeça. Coloquei o *trailer* atravessado no meio do trânsito e parei com o *trailer* metade sobre a calçada e a outra metade atravessada na rua. Desci e escorreguei na sarjeta. Dada a quantidade considerável de chuva que caía a cada hora, a sarjeta parecia um rio. Deitei ali mesmo, me encolhi como um menino e comecei a gemer.

E esse foi o ponto alto da semana.

Pela primeira vez na vida, perdi totalmente a noção de significado. Odiei estar vivo. Cada momento era de dor. Quando você está com dor, em geral consegue se livrar dela de alguma forma. Mesmo que isso signifique tomar analgésicos fortes. Mas a terrível revelação com que me defrontei, foi que aquela era uma dor da qual eu não conseguia me livrar porque era simplesmente a dor de estar vivo.

Bem, é claro que existe um jeito de se livrar dessa dor também... não continuar a viver. Mas embora eu tenha podido compreender porque as pessoas cometem suicídio, isso não era algo que eu cogitasse seriamente. Minha companheira me dava apoio. Mas, por um momento, eu estava incapacitado de receber qualquer ajuda.

Fomos a um *workshop* juntos. Ela me assegurou de que lá encontraria um "espaço seguro" para ser eu mesmo e pessoas para me ouvir. Quando estávamos no metrô, nos aproximando da parte norte de Londres — nosso destino para o *workshop* — comecei a sentir algo que nunca havia sentido antes. Percebi que estava tão pra baixo... que tão pouco tinha importância para mim... que realmente não ligava a mínima para o que pensassem de mim. E isso foi surpreendente. Eu não me importava com o que os outros passageiros pudessem pensar a meu respeito quando abaixava a cabeça e soluçava.

Quando chegamos à confortável casa onde seria realizado o *workshop*, percebi que "estava me lixando" para o que aquelas pessoas educadas pensavam de mim. E isso era algo totalmente novo para um homem tão preocupado com o que pensavam dele... ao longo de toda a minha vida, sempre me importei com a maneira como era visto.

Então, utilizei, ao máximo, aquele espaço terapêutico seguro. Na "troca" inicial, algumas pessoas se abriram e choraram um pouco. E todos se compadeceram e as abraçaram. E, antes, em **workshops** como aquele, eu talvez tivesse chorado um pouco, todos me apoiariam, me veriam como um homem que estava entrando em contato com o seu lado feminino e me dariam um abraço.

Mas eu balbuciava como um bebê. Ninguém podia me tocar. Nada conseguia me ajudar. Eu estava no centro de um exercício terapêutico, na realidade deveria ter funcionado para mim. Mas eu estava no mesmo estado de antes: vazio, desinteressado e morto. E então aprendi algo a respeito de grupos terapêuticos: a paciência com pessoas em uma situação difícil não é tão grande assim... especialmente se os métodos terapêuticos oferecidos parecem não surtir efeito. As pessoas, na verdade, estavam ficando de "saco cheio" por eu estar tão para baixo. E eu não estava dando a mínima para aquilo também.

E ainda me recordo daquele novo sentimento que tive naquele dia. No desespero sombrio da dor viva que sentia, eu podia também sentir uma liberdade nunca antes experimentada na vida: era a liberdade de nada importar. Em minha melancolia niilista, eu estava apenas dizendo Dane-se! para tudo.

A nuvem negra passou e devagar voltei a ter uma visão "normal" da vida. Mas algo restou daquilo: aquela sensação de que as coisas não eram tão importantes como costumavam ser. Ou melhor, eu tinha perdido algo que nunca voltou: a sensação de que as coisas eram brutalmente importantes.

Nos anos seguintes, li muita literatura sobre assuntos espirituais. Na verdade, foi só o que li. Li tudo em que pude colocar as mãos sobre budismo, taoísmo, xamanismo e tudo sobre espiritualidade da nova era.

Li tudo dos mestres contemporâneos mais influentes. E algo começou a me impressionar após ler sobre esses mestres modernos: que muitos deles estavam contando a sua história pessoal, e que essas histórias eram muito parecidas... eram sobre as que tinham tido na vida.

Por favor, apresentem-se: Brandon Bays, Eckhart Tolle e Byron Katie.

Brandon Bays — após anos trabalhando na área da cura — sentiu-se devastada ao descobrir que tinha um tumor enorme. Mesmo assim, ela obteve uma espantosa e rápida autocura. Mas, 18 meses depois, foi atingida por uma série de golpes terríveis. Sua linda casa, em Malibu, foi toda destruída por um incêndio. Depois, a Receita Federal do seu país levou todos os seus rendimentos, e ela ficou completamente sem dinheiro. A seguir, sua filha adorada, sua "alma gêmea" lhe escreveu dizendo que não queria saber de mais nada com ela. E, por fim, seu marido lhe revelou que tinha um relacionamento sério com outra pessoa. Caramba! No meio disso tudo ela acordou: o tempo parou e ela decidiu confiar. Ela foi tomada no mesmo instante por um sentimento de amor — uma sensação de que o amor estava em toda parte. Brandon Bays "despertou" e mais tarde criou o livro inspirador **The Journey**.

Eckhart Tolle viveu, até o seu trigésimo aniversário, num estado quase constante de ansiedade de depressão. E então uma noite:

Acordei de madrugada com uma sensação de absoluto pavor. Eu já havia acordado com essa sensação muitas vezes antes, mas dessa vez foi mais intenso... Tudo parecia tão estranho, tão hostil e tão absolutamente sem sentido que provocou em mim um ódio profundo do mundo.

Naquele momento, "seu profundo desejo de aniquilação, de inexistência", explodiu e se transformou em outra coisa. Ele teve um *insight* sobre a existência — sobre o "eu" com o qual vinha tendo dificuldades — que paralisou sua mente. Quando voltou a si, sua percepção do mundo havia se transformado. Ele viu a beleza em todas as coisas e viveu cada momento — em paz e com alegria. Eckhart Tolle **acordou** e mais tarde criou o **best-seller O poder do agora.**

Durante dez anos a vida de Byron Katie moveu-se numa espiral descendente. Ela afundou-se numa depressão, raiva e paranoia. Às vezes ela não conseguia sair de casa, nem mesmo tomar banho ou escovar os dentes. Seus próprios filhos a evitavam com medo de suas explosões. Por fim, foi internada numa clínica de reabilitação para mulheres com distúrbios alimentares. Lá, ela foi isolada das outras residentes que tinham medo dela. Algum tempo depois, deitada no chão, acordou sem a menor noção de quem ela era. "Não era eu", ela disse. Ela só sentia alegria e aceitação. Quando voltou para casa, todos acharam que ela parecia uma pessoa diferente. Byron Katie **acordou** e mais tarde criou a linda obra **Loving What Is**.

Atualmente, as ideias, os processos, dessas três pessoas mencionadas têm um grande mérito. Mas falta algo, não? Penetrar a fundo em suas camadas emocionais (**The Journey**) e viver mais no agora (**O Poder do Agora**) ou fazer as quatro perguntas sobre o que o irrita (**Loving What Is**) tem pouco a ver com o que une os três:

- Todos eles tiveram colapsos significativos em suas vidas, e então algo aconteceu.
- Todos disseram o maior "Dane-se!" de suas vidas, e então algo mudou.
- Eles não deveriam ensinar isso? Aquele não deveria ser o processo?

Eu sei que não seria um dos livros mais vendidos, mas o processo não deveria realmente ser sobre ter uma ruptura significativa na vida?... A ponto de você querer se matar ou dizer "Dane-se!", e então algo realmente extraordinário acontecer na maneira como você vê as coisas?

É claro que você precisaria de um bom seguro de vida para ensinar esse processo, mas eu me candidataria.

Então você se inscreveu para o curso "**Arruíne a sua vida, diga 'Dane-se!' e Desperte!**". O curso de um mês custa cerca de 40 mil reais. Nossa equipe de especialistas está pronta para arruinar a sua vida:

- Um ator da nossa equipe liga para o seu chefe e finge ser empregado de um concorrente... e diz que você vem passando informação confidencial em troca de uma bela soma em dinheiro.
- Nosso "batedor de carteiras" colocou R$ 8 mil em notas na gaveta de sua mesa de trabalho.
- Nosso sósia do Hugh Grant começa então a seguir sua esposa e consegue dar um esbarrão "acidental" com ela. Três dias depois, sua mulher é requisitada para uma reunião de negócios de última hora. E o "negócio" se chama, é claro, Hugh Grant.
- Nosso *hacker* utiliza as informações bancárias que você nos forneceu anteriormente para entrar em sua conta bancária e roubar todo o seu dinheiro.
- Nosso ladrão de identidade apaga o seu nome da escritura de sua casa e do documento de propriedade de sua BMW série 5.
- Nosso administrador toma a sua casa.
- Com quase nada e sem ninguém, sentado na beira da calçada de sua (ex) casa, nosso lutador de artes marciais, encapuzado, assalta-o e rouba o seu relógio de grife.
- Não podemos garantir, mas 78% dos nossos clientes, a essa altura, dizem "Dane-se!". E, cinco minutos depois, despertam.

Missão cumprida.

Mas falando sério, é claro que isso não é algo que eu recomendaria. Portanto, por favor, não me processe se decidir provocar algum tipo de destruição na sua vida e isso não funcionar. Significa apenas que você é um sujeito tolo. E se tolos algum dia despertarem, eles ainda continuarão sendo tolos. Então por que você iria querer fazer isso?

O que eu realmente recomendo é usar o processo espiritual de dizer "Dane-se!" para começar a se libertar do seu apego a todos aqueles significados que têm potencial de lhe causar tanto sofrimento.

2. Técnicas essenciais para o Dane-se!

Estas cinco técnicas irão ajudá-lo a viver ao estilo Dane-se! Na verdade, eu recomendo fortemente que você as tatue em seus dedos. Dessa forma você não as esquecerá. Escolha um tipo de letra bem bacana e harmoniosa — mas eu não as escreveria em itálico, pois você pode acabar parecendo um restaurante *country*.

Como você logo poderá observar, as técnicas fluem umas sobre as outras e dependem umas das outras. É mais ou menos como cerrar o punho com os seus dedos tatuados: pronto a esmurrar a sua vida tensa até à sua submissão.

Relaxamento

A maioria de nós nem sabe o quanto é tensa. Não é o seu caso? Você está realmente relaxado? Muito bem, vamos ver.

Enquanto está sentado lendo esse livro, comece a se concentrar em seus ombros: é bem provável que você os sentirá caindo à medida que os relaxa. Agora, passe para o pescoço e sinta a tensão se desfazendo. Agora, seu maxilar: afrouxe um pouco à medida que relaxa. Depois a testa e os músculos ao redor dos olhos.

Agora volte aos ombros. Provavelmente já estão tensos de novo: portanto, tente relaxá-los e deixe-os cair novamente.

E é assim que funciona. Descobrimos a tensão onde não imaginávamos que ela existisse, e assim que desviamos nossa atenção dali, a tensão retorna. Pode ser um pouco desconcertante quando você começa a desenvolver o hábito de prestar atenção ao seu corpo desse jeito: porque sua impressão é de que está realmente bastante tenso (ao passo que antes, sua ignorância era uma forma peculiar de felicidade). No entanto se você ignora a tensão do seu corpo, ela faz exatamente o que as crianças (e alguns adultos) fazem quando são ignorados: começa a falar alto, a gritar e, em geral, a se comportar mal. Esse mau comportamento toma a forma de dores no pescoço, dores de cabeça, dores nas costas, etc. Portanto, comece a ouvir o seu corpo **antes** que ele comece a gritar para chamar a sua atenção.

Lembre-se de que somos seres muito simples, também: procuramos evitar a dor e aumentar nosso prazer. Até aqui, estivemos falando de evitar a dor. Mas tente também encontrar prazer ao relaxar. Tente encontrar tanto prazer ao relaxar quanto você teria em beber um copo de vinho, beijar a sua companheira ou _____ (por favor, insira a sua atividade prazerosa favorita, mas tome muito cuidado caso alguém pegue esse livro depois de você; não desejo que a expressão de uma atividade prazerosa se torne, ironicamente, dolorosa pra você).

Eu chamo a isso de "busca de prazer interior". Mas teve um sabichão, uma vez num dos meus **workshops** que apontou que **todo prazer** é interno. Sim, é claro. Mas o que eu quero dizer é sobre encontrar a fonte de prazer dentro de você e não fora de você. Isso, em geral, não passa pela nossa cabeça. Tentamos desesperadamente estimular o prazer interno (conhecido por "prazer") por meio de uma busca externa. Novamente, escreva as coisas que lhe dão prazer na margem do livro se preferir (se colocássemos muitos espaços em branco para você preencher, ia ficar parecendo um livro de lição de casa, e eu os detesto; ou então receberíamos cartas dos leitores dizendo: "comprei esse livro esperando encontrar alguns conselhos significativos e tudo que encontrei foram montes de espaços em branco. Da próxima vez vou comprar um pacote de papel em branco — é bem mais barato!").

Se conseguir encontrar a fonte de prazer dentro de você, nunca se sentirá entediado, será autossuficiente e se tornará um namorado bem barato, também. Mas a maior benção é que, se você conseguir encontrar prazer em algo capaz de promover a sua saúde, conduzi-lo a uma vida longa, à felicidade, à possível iluminação, aí, então, é bem provável que o faça com regularidade.

Portanto, continue, retire-se para os seus aposentos, feche a porta e faça um pouco de busca de prazer interior. E depois que tiver feito isso, tente encontrar algum prazer profundo em apenas relaxar. Comece a desfrutar do que é respirar profundamente. Aprecie a sensação de suas mãos formigando à medida que relaxam mais. Sinta-se energizado pelo corpo todo, sentindo-se tão mole e pastoso quanto um sorvete que se derrete num dia quente de verão.

Desapego

Talvez por termos um conhecimento inato de que tudo é mutável, nos agarramos tão desesperadamente a tudo. E como nos agarramos. Sabemos que nossa juventude acaba, que nós e nossos entes queridos morreremos um dia, que o que quer que tenhamos acumulado na vida, pode nos ser facilmente tirado, que um dia nossas habilidades não serão mais desejadas; que poderá chegar um dia em que nosso amor não seja mais correspondido. Mas continuamos nos apegando.

Para qualquer direção que olhemos, nos deparamos com a impermanência. Escrevendo este livro no começo de outubro, olho para fora e me deparo com a natureza que me relembra que tudo se desvanece.

É claro que quanto mais nos agarramos às coisas mais dor sentimos quando elas desaparecem, morrem. E, às vezes, quanto mais nos agarramos, mais essas coisas acontecem. Imagine alguém num relacionamento que é, digamos, grudento. Essa pessoa se agarra ao que acha que é amor com pulso de ferro, morre de ciúmes pelas menores coisas, gasta seu tempo com medo de que coisas terríveis possam acontecer, em vez de desfrutar da relação. Como isso faz a outra pessoa se sentir? Quanto tempo esse relacionamento vai durar? (Péssima. Não vai durar muito. Caso você esteja sentado aí, coçando o queixo e conjeturando.)

A solução para conseguir se desgrudar das coisas às quais você está se agarrando é saber que você ficará bem se você não as tiver. E essa é a verdade. Aqui vai um bom exercício: repasse todas as coisas às quais você realmente quer estar ligado na vida — seu companheiro, o trabalho, sua saúde, seu senso de humor, sua família, amigos, as novelas de tevê — e diga a si mesmo que (realmente) ficaria bem sem elas. Você pode sobreviver com muito pouco. E, apesar da transitoriedade das pessoas e das coisas poder ser dolorosa, você sobreviverá.

Se estiver pronto, repita algumas vezes para si mesmo: "Eu estou bem apesar de saber que as coisas passam e desaparecem de minha vida. Eu ficarei bem a despeito do que possa acontecer comigo ou com os que estão à minha volta. Eu me liberto das minhas amarras e deixo a vida simplesmente fluir ao meu redor e através de mim." Agora, acenda uma vela e queime as suas sobrancelhas. Nãããããããão! Não faça tudo o que digo.

Mas, sério agora, relaxe (dedo 1), desapegue-se (dedo 2) e esteja pronto para aceitar as coisas como elas são (dedo 3).

Aceitação

Estamos num estado deplorável hoje em dia. As coisas estão ficando cada vez piores. Você não consegue tomar um ônibus sem pensar que ele pode explodir devido à ação de algum extremista. Isso, se o ônibus vier. E com o governo entregando tudo para empresas privadas, que põem o dinheiro acima de tudo, não há ninguém que se incomodará com você se não houver dinheiro envolvido. É tão comum ficar em pé na chuva no meio de janeiro esperando um ônibus que não vem. É impressão minha ou está chovendo mais no verão?

Esse negócio de aquecimento global é pura bobagem. Está mais frio, mais úmido, é só mais um motivo para nos dizer o que fazer com as nossas vidas. E de qualquer modo, se está ficando mais quente, porque minha conta de gás está subindo? Se estamos usando menos, não deveriam cair os preços? Telefonei à empresa para saber, e daí um camarada lá na Índia atendeu. Ele foi muito educado, mas, óbvio, não tinha a menor ideia do que responder. Pelo menos ele foi educado, algo que você não vê mais por aqui. Nem educação, nem respeito.

Você sabe o quanto resmungamos aqui no Reino Unido? Bom, eu disse "nós", mas deveria dizer "você", porque hoje eu vivo na Itália, onde eles não se queixam tanto (certo, ainda há programas de tevê dirigidos por velhos que ficam cobiçando aquele monte de garotas de biquíni no palco... Olha, talvez haja alguma ligação aqui... Aviso à BBC: tragam de volta aqueles programas de televisão dos anos 1970 com Bruce Forsythe[7] e garotas de biquíni... isso poderia fazer os homens pararem de resmungar — pelo menos por algum tempo... Desde que você equilibre tudo isso também com um programa apresentado pela Germaine Greer[8] com montes de rapazes lindos de sunga — aí as mulheres também irão parar de se lamentar). Eu noto isso mais acentuadamente agora que só de vez em quando apareço na Inglaterra. Vocês são tão nervosos e resmungões... Há sempre más notícias nos noticiários de tevê; ou pessoas resmungando e gritando umas com as outras nas novelas; ou falando mal e xingando umas às outras no **Big Brother**; e jornais felizes em ver que a linda fulana de tal parece um pouco rechonchuda ou, então, magra demais. Saíram várias notícias, só neste último verão, a respeito da alinhada mulher do Beckham[9] estar muito magra: que ela só come o lado de dentro da casca de uma banana e lambe o sal de um salgadinho, em cada refeição. Eles alardeiam que ela é um péssimo exemplo para as mulheres jovens. Ora, sinto muito, mas ela não é um *ótimo* exemplo para as jovens? Se você come menos que um passarinho com problemas de estômago, você começa a se parecer com um passarinho com problemas de estômago. É isso mesmo garotas, aquela mulher não é bonita. Ela não faz aquilo para nós, homens. Por favor, fiquem à vontade para dar uma engordadinha, comer muito sorvete e vocês verão muitos de nós cruzando o salão de baile para tirá-las para dançar, ou seja lá o que se faz hoje em dia.

7   Famoso *showman* britânico da área de entretenimento. Muito conhecido pelo seu programa *Sunday Night at the London Palladium*.
8   Escritora, jornalista e acadêmica australiana, reconhecida internacionalmente como uma das mais importantes feministas do século XX.
9   Victoria Beckham. Casada com o famoso jogador de futebol inglês e ex-integrante do grupo musical Spice Girls.

A razão pela qual reclamamos, xingamos ou criticamos é porque não nos sentimos bem por dentro e tentamos encontrar as razões para esse desconforto fora de nós. À medida que você começar a se sentir melhor internamente (ao dizer Dane-se!, relaxar e desapegar-se), você começará a gostar dessa sensação e não achará tão fácil reclamar de tudo. Depois de algum tempo você, definitivamente, passará a não gostar de lamentar porque isso fará você se sentir pior e não melhor.

Você descobrirá que é melhor tentar aceitar as coisas como elas são (e isso será mais fácil já que perderá a necessidade de justificar seus sentimentos dolorosos). A verdade é que (desculpe dar essa informação em primeira mão para você) em geral quase nada podemos fazer a respeito da maioria das coisas que nos aborrecem. Não podemos fazer grande coisa a respeito dos ônibus atrasados, dos terroristas, políticos incompetentes que nos colocam em pretensas guerras, jovens que falam palavrão e não têm respeito pelos outros... Até mesmo as coisas mais próximas: como seu chefe ser um briguento, seu companheiro ser egoísta, seus filhos serem preguiçosos. É claro, você pode deixar o seu emprego, o seu companheiro e mandar os filhos lá pra fora fazer um pouco de exercícios saudáveis. Mas, até que você esteja pronto para fazer essas coisas, pare de se queixar e aceite as coisas como são.

A aceitação é uma conquista maravilhosa. Sinta-a agora: como seria você se aceitar do jeito que é, nem mais magro, nem mais alto ou com uma aparência melhor, apenas como você é neste momento? Como seria aceitar a sua vida como ela é: trabalho, família, amigos, vida sexual, perspectivas, tudo o mais, do jeito que são neste exato momento? E como seria aceitar o mundo — todo ferrado, bagunçado, superaquecido, devastado por guerras, cheio de ganância — do jeito que é?

Tente hoje. Aceite as coisas que não saem de acordo com o planejado, as pessoas que não o tratam como você gostaria, as más notícias e as boas notícias. Comece a gostar de se sentir bem internamente. E lembre-se de que você não precisa mais se lamentar e criticar. E se você se sentir uma droga por dentro (como todos nós nos sentimos às vezes) tente aceitar esse sentimento, também, sem procurar por coisas fora de você em que colocar a culpa.

Observação imparcial

O Observador não é um pervertido escondido atrás das cortinas que olha a Sra. Tardywells, enquanto ela desabotoa seu espartilho tarde da noite (antes de usar, sedutora, o fio dental à luz do luar). Não; é o que nós, pobres mortais, chamamos de capacidade de observar com imparcialidade o que se passa em nossa mente e em nosso corpo. Alguns se referem a isso como "consciência" ou "percepção" (palavras mais comuns usadas de maneira mais restrita pelos pobres mortais do que pelos filósofos). Mas vamos nos concentrar no Observador.

Sentar imóvel por um momento (em comum chamado evasivamente de "meditação") é uma boa oportunidade para entrar em contato com o seu "Observador Interno". Você percebe que ao escrever com "O" maiúsculo já lhe demos papel importante em sua vida? Permaneça sentado e à medida que os pensamentos forem passando pela sua cabeça — o que, é inevitável, acontecerá — desenvolva uma maneira de observá-los (de cima, se preferir) como se eles não fossem seus. Não se envolva com os pensamentos. Não os julgue. Apenas, aceite-os. Apenas os observe de uma maneira imparcial, sem julgamentos, exemplo: "Ah, matar o namorado que traiu com um machado bem afiado: OK". "Ah, estou com tanta fome que seria capaz de matar meu gato e fazer um churrasquinho dele para a hora do lanche: interessante".

Aqui vai outra imagem. Você pode imaginar o seu Observador como uma dessas câmeras de vigilância numa rua movimentada. A câmera vê tudo. Ela não intervém nem berra: "Oh, seu narigudo, você está ridículo com essa jaqueta". Ela só observa. Na verdade, é muito provável que não haja nenhum ser humano observando uma cena do narigudo e sua jaqueta. A câmera é apenas uma máquina muda de observação (e de gravação também, por via das dúvidas). Uma câmera observando, não julgando ou criticando. E você sabe o efeito dessa pequena maquininha inanimada? As pessoas se comportam melhor. E é exatamente o que acontece com sua mente/corpo, também. Quanto mais você observa com imparcialidade, aceitando o que é visto, do jeito que é maior a probabilidade de que sua mente/corpo se comporte melhor. Não é preciso se comportar melhor, é claro: não há nenhum serviço secreto indo olhar o filme dos crimes dos seus pensamentos. Mas a verdade é que quando você aceita os seus pensamentos e sentimentos como eles são (através do Observador) tudo tende a acalmar-se aos poucos.

Experimente e veja por si mesmo.

E se tiver alguma dificuldade em conseguir certa distância entre você e os seus pensamentos/***sentimentos***, ouça isto. Há alguns anos, vivíamos num pequeno apartamento em Balham. Toda noite eu me sentava em silêncio, de pernas cruzadas, por meia hora (por volta da meia-noite). O apartamento ficava em um quarteirão enorme, então você podia ouvir o barulho da humanidade sendo humana o tempo todo: descargas de banheiro, portas batendo, tevês em volume alto, bebês chorando. Assim que eu me acomodava e minha mente começava a desacelerar, aos poucos me tornava consciente das vozes no apartamento ao lado. Eram vozes masculinas, talvez duas pessoas, batendo papo sobre as coisas normais e sem importância do dia a dia. Eu só conseguia ouvir o que diziam se me concentrasse bastante. E me recordo de me sentir um pouco surpreso por eles estarem conversando daquela forma, tão audível àquela hora da noite. Ouvi um pouco mais. E ponderei que nunca tinha ouvido antes as pessoas conversando no apartamento vizinho: sabia que ali vivia sozinho um homem de meia-idade, mas nunca o havia ouvido falar com outra pessoa. Continuei escutando. Com um sobressalto, percebi que as vozes não vinham do vizinho: elas estavam dentro da minha cabeça. Eu estava ouvindo os meus próprios pensamentos (tão sem importância e corriqueiros como em geral são) como se estivesse totalmente separado deles. Tentei sintonizar-me uma vez mais. Mas o encanto havia sido quebrado. Eu estava atônito. Eu realmente estava convencido de que aquelas vozes vinham do outro apartamento. Compreendi (talvez pela primeira vez) que eu era mais do que os meus pensamentos. Que há algo mais, em minha cabeça ou em outro lugar, separado dos pensamentos que tenho.

Algumas pessoas diriam que eu tinha, naquele momento, me fundido com a fonte, ou com Deus ou com o ser universal. Não tenho a menor ideia. Mas me senti bem. Nunca tentei repetir aquela experiência desde então, mas já tive vislumbres semelhantes algumas vezes, em geral quando estou dirigindo.

À medida que desenvolve o Observador em você, a sua própria câmera de televisão em circuito fechado – você fica com uma ligeira sensação de que os pensamentos apenas acontecem e que você não tem que entrar dentro deles. Não grite: "Ei, narigudo", apenas observe a multidão colorida de sua mente com total imparcialidade.

Respiração consciente

A respiração consciente é fácil, mas muito poderosa. Portanto, para o praticante do Dane-se! cada vez mais despreocupado e preguiçoso, não há muito a fazer ou em que pensar.

Respirar é uma coisa maravilhosa com a qual brincar. Para a maioria de nós, respirar é algo em que não pensamos (e não temos que pensar) nunca. Depois de algumas dolorosas e difíceis respirações logo ao nascer, nós tendemos a respirar muito bem pelo resto da vida sem pensar nisso.

É claro que se tivermos asma ou um problema de pulmão, estaremos muito conscientes de nossa respiração. Mas, para muitos de nós, a única vez em que prestamos atenção à respiração é quando ficamos doentes e nossas mães nos pedem para "respirar fundo (e colocar a cabeça entre os joelhos)".

Respirar é uma das funções automáticas milagrosas de nosso corpo — assim como o bombeamento de sangue pelo coração, a troca de oxigênio e dióxido de carbono, a regeneração das células, a digestão de alimentos, a eliminação de toxinas, o equilíbrio entre alcalinidade e acidez, e assim por diante.

Nosso corpo faz o seu trabalho sem nós. O que é muito bom. Seria uma chatice acordar de manhã e ter de checar uma lista de coisas:

- Respirando? OK.
- Coração batendo? OK.
- Liberando os hormônios certos? OK.
- Razão de oxigênio para dióxido de carbono 2:1? OK.
- Nível de ph 8,5? OK.
- Regeneração de células em 20%? OK.
- Lado direito do cérebro funcionando? OK.
- Liberando adrenalina para começar a se preocupar com o dia? OK.

Agora, aqui, vai o ponto principal. E é muito importante. De todas essas numerosas funções que ocorrem automaticamente o tempo todo, a respiração é aquela sobre a qual podemos agir e mudar.

É claro que se você concentrar a sua mente no seu ritmo cardíaco, você consegue diminuí-lo. Mas não é nada fácil. Ao passo que, agora, sentado onde está, lendo isso aqui, você pode respirar de maneira mais profunda, ou mais rápido, ou prender a respiração. E tudo o que você fizer conscientemente com a sua respiração, irá surtir efeito em seu corpo (e em sua mente).

É por essa razão que a respiração consciente é tão legal.

Se você se sentar e respirar consciente e profundamente agora, um punhado de coisas começará a acontecer no seu corpo:

- Seu ritmo cardíaco diminuirá.
- Você enviará mais sangue aos seus órgãos internos.
- Você liberará menos adrenalina e dessa forma diminuirá a pressão sobre os seus rins sobrecarregados de trabalho.
- Você enviará a seguinte mensagem a todos os seus órgãos: "Ei, relaxem um pouco, afinal de contas a situação não está tão ruim assim".

Há dois aspectos a serem considerados na Respiração Consciente: conscientizar-se de como você está respirando agora; e mudar conscientemente a sua respiração.

O simples ato de conscientizar-se de como você está respirando nesse momento, permite-lhe conhecer a sua respiração. E seria uma boa ideia começar a fazer isso. É claro que assim que você começa a pensar em sua respiração, ela muda um pouquinho. É muito difícil pegá-la de surpresa e observar como ela funciona quando você não a está observando. Não há um armário escuro onde você possa se esconder e espreitar para ver como respira quando não está sendo observado. Seus pulmões sempre sabem que você está escondido no armário — mesmo que o tamanho da fenda pela qual você esteja olhando seja bem pequenininho.

Mas faça uma tentativa. Note como se sente quando o ar entra em seu nariz (ou boca). Observe o que se mexe quando você respira. Você está respirando com o peito ou com a barriga? Está respirando rápida ou vagarosamente? Há pausas em sua respiração? Você consegue sentir o efeito de sua respiração em outras partes do corpo? Concentre-se bastante em suas mãos: há algo acontecendo nelas enquanto você inspira e expira?

Observe como você respira quando está relaxado. E note como respira quando está numa reunião de trabalho ou com sua amada. Conheça a sua respiração — como ela funciona e como ela muda. Comece a aprender sobre seus padrões e formas de respirar. Esse é o primeiro aspecto da Respiração Consciente.

O segundo aspecto é começar a agir sobre a sua respiração — mudando a sua respiração e os seus padrões e observando o que acontece com o seu corpo. Vale a pena saber um pouco sobre como nossa respiração funciona.

A inspiração se dá quando inalamos algo e expandimos. Inalamos oxigênio. Inalamos energia E nosso corpo se expande com isso. O peito ou o abdômen se expande, e também o resto de nosso corpo. Quando você conhecer realmente a sua respiração e o seu corpo, você sentirá a expansão em cada parte de seu corpo: isso porque todas as células estão se expandindo.

A expiração ocorre quando deixamos as coisas saírem e relaxamos. Deixamos o dióxido de carbono sair. Deixamos a tensão ir embora. O corpo todo amolece, relaxa e solta-se um pouco quando expiramos.

Umas palavrinhas a respeito de "energia". Talvez você tenha muita experiência com energia, mas pode ser também que não tenha nenhuma ideia sobre o que eu estou falando. A energia — também designada por **chi** ou **qi** ou **prana**, ou forçavital ou energia vital — é algo de que os orientais falam muito e que nós, ocidentais, sempre ignoramos.

Em primeiro lugar, a energia existe. Não é uma ideia esotérica. Ela existe e é vida. Se não tivéssemos energia em nosso corpo, estaríamos mortos. A energia é uma força em movimento, magnética, uma sensação de formigamento, que atravessa o nosso corpo (e o corpo de qualquer coisa viva). A medicina chinesa procura obter o equilíbrio dessa energia para com isso criar um corpo equilibrado.

Por ora, se você conhece muito pouco sobre esse assunto de energia, apenas esteja aberto à possibilidade de sentir algo novo em seu corpo. Ou, quem sabe, começar a dar um nome a algo que você já sentiu. A melhor hora para perceber esse negócio de energia é quando está relaxado. Primeiro, porque — quando você está relaxado — a energia flui. E segundo, porque o fato de estar relaxado lhe dará espaço para sentir adequadamente a energia.

Um pequeno aviso, no entanto: ao começar a sentir sua energia, você poderá ficar seriamente viciado, pois a sensação é maravilhosa. É como estar envolto em luz. Você pode sentir um êxtase ao ficar sentado, sentindo esta força vital movendo-se ao redor do seu corpo. Você pode se sentir fisgado e desejar encontrar maneiras de aumentá-la (porém, não há efeitos colaterais a esse vício; você apenas se sentirá melhor e ficará melhor).

E a melhor maneira de aumentar essa sensação do *chi* é claro que é dizer Dane-se! para tudo, e respirar.

A Respiração Consciente é a ajuda perfeita para o praticante do Dane-se!

Vamos iniciar com a Expiração Dane-se! Se falar Dane-se! tem tudo a ver com livrar-se das coisas que são importantes e criam tensão, então expirar lentamente é a melhor maneira de ajudar a realizar esse processo. Expirar é: livrar-se do que você não quer, eliminar gases, toxinas e tensões que não fazem bem ao seu corpo.

A forma mais rápida de relaxar é expirar de modo mais lento. Solte-a devagar. E comece a sentir o seu corpo relaxado. Você pode acentuar ainda mais esse efeito se acrescentar um suspiro à expiração.

O ato de suspirar por si só já é uma ferramenta incrível. Suspiramos quando estamos no final de algo difícil e extenuante. Ao terminar um trabalho, servir um uísque e sentar no sofá para assistir um episódio de **Poldark**[10] — esse é o momento em que você suspira. Ao suspirar, você está dizendo ao seu corpo: "É isso aí, agora já pode relaxar". Suspirar é a sua maneira de dizer: "Dane-se! Não importa o que tenha acontecido hoje, agora é minha hora de sentar e relaxar".

Portanto, se estiver a fim de enganar o seu corpo, para que ele pense que o trabalho já foi feito e que agora ele pode sentar e relaxar, então SUSPIRE.

Experimente combinar um pouco de pensamentos Dane-se! com a respiração e suspiros. Escolha algo a que queira dizer Dane-se! no momento, fale em voz alta e em seguida dê uma longa suspirada. Outro lembrete: se estiver lendo isso aqui em público, é melhor esperar até estar sozinho. Ou então abaixe o tom, murmure a sua frase Dane-se! e aí expire lentamente. Desculpe mas não quero lhe causar problemas.

Nem quero receber cartas dizendo:

Sr. Parkin,

Eu estava lendo seu livro durante um recital entediante do quinto concerto de Brahms no teatro municipal local e diligentemente realizei um exercício de respiração Dane-se! e disse a frase: Danem-se os olhares demorados de meu marido aos seios fartos da Madame Thrimble... Dane-se! E então expirei dando um longo suspiro, do

---

10 Seriado muito popular na tevê inglesa (BBC) nos anos 1970, baseado nos romances históricos de Winston Graham.

jeitinho que o senhor sugeriu, e, para encurtar minha história, fui banida dos elegantes eventos sociais da Thricket Windon, o que representa uma ferida mortal para uma mulher da minha classe social.

Não, não quero esse tipo de cartas. Só pra você saber, e caso as receba, gostaria de cartas do tipo:

Sr. Parkin,

Li suas palavras com incontido deleite, e constato que tudo o que elas têm a oferecer atrai o âmago do meu ser. Permita-me a ousadia de sugerir um encontro na próxima quarta-feira à noite no The Pimple e Shard. Você me reconhecerá facilmente: estarei usando uma rosa vermelha presa na lapela cobrindo meus fartos seios.

Atenciosamente,
Hilary Thrimble

Só para você saber.
Bem, agora, voltemos à respiração. Onde estávamos? Ah, sim, na Expiração Dane-se!
Experimente:
Dane-se! o meu traseiro feio... suspire e expire.
Dane-se! o meu chefe briguento... suspire e expire. E assim por diante.
Sempre que as coisas forem importantes, sempre que se sentir tenso, ansioso ou com medo, diga apenas Dane-se!, suspire e expire. Funciona às mil maravilhas.

Porém, não vamos nos esquecer da INSPIRAÇÃO Dane-se! Enquanto a Expiração Dane-se! diz respeito a liberar a tensão, relaxar e dizer não às coisas, a INSPIRAÇÃO Dane-se! diz respeito a injetar energia, força e dizer sim às coisas.

A INSPIRAÇÃO Dane-se! diz respeito a absorver energia para fazer o que você deseja. E isso é meio caminho na direção de viver uma vida ao estilo Dane-se! Se você deseja levantar de sua escrivaninha e ir conversar com a nova e apetitosa diretora da Contabilidade, respire fundo, diga Dane-se! e faça isso.

Se o que deseja é viajar, respire fundo, diga Dane-se!, entregue sua carta de demissão e vá reservar seus voos. Se já está farto de seu relacionamento chato, respire fundo, diga Dane-se! e ponha um fim nele. Hoje.

Em termos de energia, a Expiração Dane-se! é *yin*... relaxante, suave e libertadora. Já a Inspiração Dane-se! é *yang*... energizante, estimulante, receptiva.

E se você conhece um pouco de taoísmo, você sabe que precisa de um bom equilíbrio de *yin* e *yang* para viver em harmonia.

O problema para a grande maioria é que vivemos em algum ponto entre uma boa vida *yin* e uma boa vida *yang*. Portanto, não vamos atrás das coisas o suficiente, não abraçamos a vida de uma maneira tão vigorosa quanto poderíamos. E tampouco relaxamos e nos libertamos das coisas.

Isso se repete em nossa respiração, assim como tudo em nossa vida se reflete em nossa respiração. Se você prestar atenção à inspiração e a expiração de uma pessoa, elas são muito similares. A Inspiração Dane-se!, no entanto, é cheia de energia — experimente-a. Encha o peito e puxe a energia. Já a Expiração Dane-se! é o oposto — não é preciso fazer esforço para soltar o ar, apenas solte-o e relaxe.

As duas respirações não poderiam ser mais diferentes. E cada respiração completa lhe oferece os dois lados do estilo "Dane-se!" de viver a vida.

Comece a praticar da seguinte maneira: Desfrute da parte ativa de sugar a energia que é a Inspiração Dane-se! E a seguir desfrute da parte absolutamente passiva de soltar, relaxar que é a Expiração Dane-se! E você começará a desfrutar também dos impactos que elas terão sobre a sua vida.

Você dará a si mesmo a energia Dane-se!, da Inspiração Dane-se! para se aventurar na vida: fazer o que você realmente quer fazer, sem se importar com o que as pessoas pensem.

E dará, também, a si mesmo a capacidade Dane-se!, da Expiração Dane-se!, de não dar a mínima para as coisas que costumavam lhe aborrecer e colocá-lo pra baixo.

Então, agora vamos ver como podemos dizer Dane-se! em determinadas áreas específicas de nossa vida.

3.
Dizendo Dane-se!

Diga Dane-se! para a comida

Li uma recente estatística sobre obesidade nos Estados Unidos. Aparentemente, 99% da população é obesa. As únicas pessoas que não são obesas (1%) vivem em Los Angeles e são atores de cinema e de televisão. Se você não é ator, significa que você é gordo. O que, é natural, cria problemas em casa:

— Chuck , você andou comendo **donuts,** de novo?
— Não, Joline. Eu não andei comendo **donuts** com canela, não senhora.

Comida é um problema no mundo desenvolvido. (E, é claro, falta de comida é um problema enorme para os países em desenvolvimento, mas...) Quando não estamos lutando contra a balança, estamos lutando para comer as coisas certas: com uma quantidade enorme de casos de intolerância alimentar, alergias e conselhos diferentes vindos de toda parte.

Nos últimos anos, os supermercados parecem ter desenvolvido linhas completas de alimentos que parecem não conter o que pensamos que deveriam ter, e aqui vai uma lista do que acabamos comendo:

- Macarrão sem glúten.
- Chocolate sem cacau.
- Café sem cafeína.
- Adoçante sem açúcar.
- Pães sem farinha.
- Sorvete sem lactose.
- Bolos sem açúcar.
- Biscoitos sem gordura.
- Linguiças e hambúrgueres sem carne.

É tão estranho... Estou aguardando ansioso pelo seguinte rótulo: Alimento SEM-ALIMENTO. Mal posso esperar para experimentar a lasanha sem-alimento, pizza sem-alimento, tiramissu sem-alimento. Vai causar uma revolução. Assim como aqueles alimentos sem glúten e sem açúcar são para pessoas com restrição alimentar, mas que não suportam ficar sem as coisas que costumavam comer, as linhas de produtos SEM-ALIMENTO são destinadas a pessoas que precisam jejuar ou que querem comer menos, mas que precisam continuar com o processo de comprar alimentos no supermercado, abrir um pacote de alguma coisa e jogar coisas fora.

Lasanha sem-alimento é a minha favorita. Vem numa embalagem para micro-ondas. Você fura a tampa de plástico com um garfo, põe no micro-ondas por uns minutos e está pronto. Você remove a tampa e dentro encontra apenas restos raspados de lasanha. Você joga direto no lixo. E se sente como se tivesse feito realmente uma refeição.

Você vê, esse é o problema com o jejum. Além de estar faminto a ponto de querer matar todos os passageiros do metrô e comê-los, você perde também todo o ritual que envolve fazer uma refeição. Quando paramos de comer por um momento, sobra muito tempo livre. E não sabemos o que fazer com ele. É tempo que você gasta pensando na comida que não está comendo. Então lambuze um prato com **ketchup** e lave-o... você vai ver que o seu jejum melhora muito.

Então, qual a razão de tantas piadas? Porque esse assunto de comida simplesmente nos consome. E acho isso muito engraçado. De um jeito ou de outro gastamos tempo pensando nisso. Eu sou homem e penso muito em comida. Talvez eu seja um homem que pensa como uma mulher. Mas, pelo que ouvimos, as mulheres parecem pensar muito mais em comida do que os homens.

E se pensamos em sexo a cada dez segundos, avalio que pensamos em comida por pelo menos sete dos outros segundos. É simplesmente impressionante como algum trabalho possa ser realizado!

Estou fazendo graça com esse assunto porque é o primeiro passo na direção de um estilo Dane-se!

Nossa obsessão por comida é uma coisa louca. E é hilariante.

A comida (assim como o amor e o sexo) é uma área importante cheia de significado para nós. Embora muitos de nós neguem. Se nos pedissem para fazermos uma lista das coisas que nos são importantes, nós, é bem provável, não incluiríamos a comida. Mas em geral é uma das coisas mais importantes para nós.

Portanto, em primeiro lugar vale a pena ter consciência em relação à comida. Comece a observar o quanto você pensa em comida. Observe o que acontece quando você pensa nela. Observe como você está quando está comendo. Note como se sente quando come a boa comida que acha que deveria estar comendo. E note também como se sente quando come comida ruim que você acha que não deveria estar comendo. Observe como se sente ao ver outras pessoas comendo comida extremamente boa ou extremamente ruim. Observe como se sente quando eu continuo lhe pedindo para notar como se sente. De qualquer forma, apenas comece a perceber o quanto a comida é realmente importante para você.

A seguir, dê uma risadinha íntima sobre como você se sente em relação á comida. Caso contrário, você vai chorar.

A comida é muito importante para nós por diversas razões.

Primeiramente é um grande consolador. Quando nos sentimos desconfortáveis com alguma coisa, não há nada mais reconfortante do que uma barra de chocolate ou um pedaço de bolo. E, hoje em dia, muitos de nós gastamos muito tempo nos sentindo desconfortáveis, mas não queremos encarar esse sentimento.

Além de proporcionar uma onda de energia e sensação de felicidade (por causa da serotonina liberada quando comemos chocolate, por exemplo) o alimento nos sacia. Nos empanturramos até não aguentar mais. Nos entupimos até nos sentirmos mal. Nos empanturramos porque quanto mais enchemos, menos sentimos. E se estamos nos sentindo mal, então a última coisa que queremos é sentir. Nos empanturramos até nos sentirmos entorpecidos. Não há então, de diferentes maneiras, espaço para mais nada.

Em segundo lugar, a comida tem efeito sobre nossa saúde. Muitos problemas e doenças são causados por ou fortemente afetados pelos alimentos que comemos. Com o tipo de dieta dos dias atuais, nosso corpo é um terreno fértil para as doenças. Não admira que tentemos comer este ou aquele alimento saudável e tentemos cortar outros. Se você estiver doente e achar que a sua alimentação tem a ver com isso, você poderá acabar na dieta sem glúten, sem açúcar, sem lactose, sem sal e, é muito provável, sem senso de humor.

Em terceiro lugar, a comida tem efeito na nossa silhueta. Ao contrário do efeito aparentemente positivo e imediato de conforto dado pelo alimento o efeito negativo dos quilos que estão sendo ganhos é lento. Você pode se empanturrar durante semanas e o efeito em seu corpo é relativamente gradual. Mas é quase certo que ele vai aparecer. Se comer demais, você vai engordar. E vivemos morrendo de medo disso. E aí quando engordamos, vivemos a constante tentativa de comer menos. E na batalha com a comida, o elemento tempo sempre pega você: quando você está comendo muito, o prazer é instantâneo e a dor é retardada. E quando você está tentando comer menos, a dor é imediata e o prazer é retardado.

Depois que sentir que está entendendo melhor o que o alimento significa para você, será uma boa hora para começar a sussurrar um monte de Dane-se! para a comida.

Dane-se! diz respeito a aceitar as coisas como elas são. Portanto, que tal começar a se aceitar como você é em relação á comida? A batalha costuma girar em volta de comer as coisas erradas ou comer demais e aí sentir-se péssimo por causa disso. Então, da próxima vez que você comer demais, tente não ficar se recriminando tanto. Diga: "Dane-se!, eu sempre faço isso, não importa o quanto me esforce para não fazê-lo, então também posso aceitar essa minha parte".

Até mesmo no momento da escolha, o momento em que você se sente mal e está travando uma batalha entre quebrar a dieta ou manter as promessas que fez a si próprio. Simplesmente tire a pressão de cima de você. Diga Dane-se!, coma e aceite esse fato; ou não coma e toque a vida. Mas não dê importância demais a isso.

Pare de fazer da comida um grande problema. Se você perdeu o emprego e sua namorada o deixou, então coma uma desgraçada de uma barra de chocolate. Na verdade, pegue um táxi, vá até a fábrica de chocolate mais próxima e faça um *tour* por lá, onde possa pegar punhados de bombons e doces, e enfiar goela abaixo ou reservar até aquelas barras que nem esfriaram ainda.

Você se sentirá melhor. E se sentir melhor é bom.

Dane-se! e pare de fazer da comida um grande problema.

Doença — você provavelmente sabe, significa qualquer desvio do estado normal. Sentir tensão também é um desvio do estado normal. A tensão que você sente por se preocupar em comer alimentos errados ou certos provavelmente é um fator que contribuiu muito mais para a falta de saúde do que qualquer coisa que você possa ter colocado na sua boca.

Gostaria de vestir um avental branco e fazer uma experiência para demonstrar isso. Tenho duas pessoas em meu laboratório que apresentam o mesmo problema de saúde. Uma doença que elas acreditam ser afetada pela comida. Coloquei-as em transe e vou dar-lhes a mesma comida.

À primeira pessoa — vamos chamá-la de A para manter o anonimato — vou dar uma "bomba de chocolate". Enquanto ela está em transe vamos dizer que esse alimento vai lhe fazer superbem e a fará sentir-se melhor de imediato, pode até curá-la de seu problema de saúde.

À segunda pessoa — vamos chamá-la de B para evitar confusões — vamos dar uma salada de produtos integrais com nozes e sementes. Diremos que ela não conseguirá resistir de tão deliciosa que é, mas que exercerá um efeito negativo sobre o seu problema de saúde.

A e B estão conectados a vários instrumentos cheios de ponteiros e bipes e assim que começarem a comer, vamos monitorá-los.

"A" está completamente relaxado, mas está comendo algo que deveria afetar sua condição imediatamente. No entanto, não há nenhum bipe tocando ou variações nos ponteiros dos instrumentos.

"B" está muito tenso, mas está fazendo "hummm..." enquanto come sua salada. Logo após comer o primeiro bocado, os bipes disparam e os ponteiros se movem, e seu estado piora imediatamente.

Monitoramos "A" e "B" por seis horas após o consumo dos alimentos e o padrão foi o mesmo:

- O consumo da bomba de chocolate não afetou seu estado de saúde. Seu estado mental anulou completamente as reações físicas esperadas.
- O consumo da salada integral, promotora de saúde, deixou B doente.

Você vê? Isso é ciência. Estou usando avental branco e os ponteiros e bipes soaram, portanto, deve ser verdadeiro.

Mas vale a pena pensar nisso quando estiver tentando resistir a algum pedaço de pão e se colocar num estado de agonia porque tem medo que ele irá agravar o seu problema de desconforto intestinal.

Silhueta, o grande problema. Tanto tem sido escrito a respeito de dietas e os efeitos das dietas que quase nunca é verdadeiro. As pessoas consomem tão vorazmente as dietas quanto consomem os alimentos que os livros de dieta dizem para não comer.

Bom, é hora de dizer Dane-se! às dietas.

Todos os livros de dietas são inúteis e estão levando à devastação das florestas. Portanto, jogue todos eles na lata de lixo dos produtos recicláveis e plante uma árvore. Na verdade, plante uma árvore frutífera e depois coma a fruta. Você perderá peso e prestará um grande favor ao mundo.

Portanto, antes de tudo, aceite as coisas como elas são: talvez você seja um pouco gordo, talvez totalmente gordo, mas aceite-se do jeito que você é. Pelo menos por alguns minutos. Depois, retorne à aversão a si mesmo, até que consiga desenvolver a aceitação por um tempo maior. Mas faça uma tentativa.

Aceite os seus hábitos alimentares. Você sabe que, para você, comer é um carrossel. Parece que no final das contas, você não tem controle. E depois de um período comendo menos, você perde o controle e come uma prateleira inteira de biscoitos (e estamos falando de uma prateleira de supermercado, não uma prateleira do armário de sua cozinha). Vale a pena aceitar também que até certo ponto, e como todo ser humano neste planeta — você está ferrado. Você tem problemas emocionais, ansiedade, neurose, medos, baixa autoestima, etc. Seja o que for, você não está feliz consigo mesmo e com sua vida e está comendo para se sentir melhor.

A maior parte de nós faz isso e não admite. Mas veja a palavra — maioria — você não está sozinho. Você está ferrado. Afinal, você é humano!

Toda essa aceitação terá um efeito relaxante em você.

Diga Dane-se! para sua dieta e quando as opiniões começarem a aparecer. Coma o que você sentir vontade na próxima refeição. Diga Dane-se! depois, quando começar a se sentir mal. Continue e veja o que acontece. Se você engordar um pouco, diga Dane-se!

Aposto que você começará a superar esses assuntos de comida.

E aposto também que depois que conseguir comer o que quiser, não precisará devorar um bolo inteiro de aniversário de uma só vez, porque você sabe que poderá comer mais tarde ou no dia seguinte, se quiser.

Aposto que sem tanta pressão sobre "bons" ou "maus" alimentos, você poderá começar a querer comer alguns dos alimentos que você achava que eram "bons", mas difíceis de comer. Você descobrirá que na realidade gosta de comer tais alimentos. Mas não comece a pensar que são "bons", apenas coma o que quiser e veja o que acontece.

Aposto que, finalmente você começará a perder peso. Se você ainda continuar a dizer Dane-se!, você não deve se preocupar muito. Se se importar menos se está ganhando peso, então deveria se importar menos também se está perdendo. Claro, dê um sorriso quando vir os ponteiros da balança embaixo de seus pés... mas também pode dizer Dane-se! e comer uma deliciosa barra de chocolate para comemorar.

Portanto, ferre com a sua dieta: aceite as coisas como são e aceite-se como é porque tudo está bom desse jeito. Dê menos importância à forma do seu corpo e à comida. Observe o que todos esses camaradas *zen* vêm pregando há tanto tempo: que quando você perde o desejo por algo, esse é o momento em que você começa a consegui-lo.

Diga Dane-se! nos seus relacionamentos

E assim entramos num campo minado. Talvez essa seja a área mais difícil de entender de que forma dizer Dane-se! pode fazer qualquer coisa menos estragar o seu relacionamento. Vamos ver por quê.

Os relacionamentos são como a Piccadilly Circus[11] da sua cidade de significados.

De fato, os relacionamentos são onde tudo acontece, onde está a ação, onde se concentra grande parte de sua atenção e onde em geral ocorrem as colisões. As outras áreas de sua cidade de

---

11   Famosa praça no centro de Londres, conhecida pelo seu caráter cosmopolita e sua grande movimentação de pessoas, é rodeada de atrações turísticas e muitas lojas.

significados são mais previsíveis: seu trabalho é mais previsível, assim como também seus amigos, sua saúde, etc.

Mas com os relacionamentos, o que importa, importa realmente. O significado de tudo nos afeta bem no nosso âmago. Um relacionamento diz respeito a nós, e a maneira mais íntima que nós lidamos com o mundo externo. As apostas são altas. E investimos tudo nele:

- Se algo ofensivo for dito, nos sentimos profundamente feridos.
- Se não somos ouvidos, nos sentimos como crianças.
- Se achamos que amamos nosso parceiro mais do que ele a nós, sofremos.
- Se achamos que somos amados mais do que amamos, nos sentimos culpados.
- Se nos sentimos atraídos por alguém fora do relacionamento, nos sentimos confusos.
- Se nosso parceiro se sente atraído por alguém, sentimos ciúmes.

Se a vida que vivemos tem sentido pela relação entre nós e o mundo externo, então nosso relacionamento com um companheiro é a linha mais delicada dessa relação.

Numa relação estamos profundamente vinculados ao sucesso e imensamente angustiados pelo fracasso. Devido ao fato de tudo numa relação ser tão importante, o potencial para o sofrimento é enorme. E muitos de nós vivemos a dor constante de nossos relacionamentos. Isso significa que os primeiros dias, semanas, meses de um relacionamento podem ser os mais turbulentos, já que as coisas têm uma importância danada.

Depois de alguns anos de relacionamento, as coisas tendem a ter menos importância, as apostas são menores e o potencial para o sofrimento diminui.

Nas relações, seu ambiente de significados pode mudar rápido. Isso é comumente conhecido por apaixonar-se. Quando você se apaixona, as outras coisas têm menos importância. Às vezes, a única coisa que importa é a outra pessoa. Todas as suas percepções normais do mundo caem pela janela. Qualquer sinal de racionalidade que você aplica à sua vida pode evaporar.

Pessoas quando se apaixonam em geral: deixam famílias que previamente adoravam, largam empregos e posições, perdem amigos, mudam suas crenças, perdem a noção de como se vestir, perdem a noção de muitas outras coisas, começam a ouvir músicas que anteriormente consideravam fora de moda.

O amor faz coisas estranhas com as pessoas. Uma enormidade de canções foi composta falando desse efeito. O amor romântico, então, é aparentemente um desafio fundamental para o estilo de vida Dane-se!, já que o amor parece muitas vezes ter a ver com o significado que outra pessoa tem para você e o apego e a dependência subsequentes. Nós achamos que essas características fazem parte essencial do amor por uma pessoa.

Dizer Dane-se! pode ter alguns efeitos surpreendentes. O problema é que é muito difícil perceber o que o Dane-se! pode fazer num relacionamento. Como pode haver algo de bom no fato de seu companheiro se sentir menos apegado a você ou não achar que você é o centro do mundo dele? Nós adoramos todo esse apego e dependência num relacionamento.

Você alguma vez já praticou o jogo reducionista do amor com alguém? Funciona mais ou menos assim:

Você ainda me amaria, se eu fosse gorda? Claro que sim.

Você ainda me amaria, se eu ficasse cheia de cicatrizes por causa de um acidente? Claro que sim.

Você ainda me amaria, se eu não tivesse pernas? Claro que sim.

Você anda me amaria, se eu não tivesse braços? Claro que sim.

Você ainda me amaria, se eu ficasse cega? Claro que sim.

Você ainda me amaria, se eu ficasse surda? Claro que sim.

Você ainda me amaria, se eu não tivesse dentes? Claro que sim.

Você ainda me amaria, se eu não pudesse pensar e estivesse num hospital em estado vegetativo? Ahn, claro que sim.

Você ainda me amaria se eu estivesse morta? Claro que sim, querida.
Para sempre? Sim, para sempre, querida.

É um jogo muito engraçado. E muito comovente, também. Um jogo que funciona muito bem se você continua dizendo "sim". Mas o que é que a outra pessoa está perguntando? Você continuaria a me amar se eu me reduzisse a ponto de não existir. Você ainda assim me amaria? Puxa, que pressão: "Sim, mesmo que você não estivesse mais lá, eu ainda amaria você".
No amor, nós queremos muito, nós queremos atenção total. Queremos que dure para sempre. Queremos que seja perfeito. E jogamos tudo o que temos nesses desejos.
Isso é apego e dependência. E é óbvio, uma grande oportunidade para o sofrimento.
A possibilidade de dizer Dane-se! é como a história de pessoas bidimensionais.

Imagine duas pessoas vivendo num mundo bidimensional: nada tem a forma tridimensional, tudo é apenas linhas e sombras. Essas pessoas simplesmente não conseguem conceber um mundo tridimensional. Está além de sua compreensão. Se você tentasse explicar-lhes, elas não entenderiam. Mas traga-as para esse novo mundo. Deixe-as viver nele por um tempo. E, instantaneamente, elas perceberão e verão o quanto ele é surpreendente quando comparado ao seu velho mundo bidimensional.

E é essa a sensação, ao começar a dizer Dane-se! para as coisas. E em especial, nos relacionamentos. Quando se está envolvido numa relação amorosa com alguém, é muito difícil perceber de que forma estar menos apegado à outra pessoa poderia melhorar as coisas. Mas, vamos tentar.

Pense numa relação em que você estava profundamente apaixonado, enamorado por alguém (e pode perfeitamente ser a sua relação atual, é evidente). Lembre-se como era se sentir ligado a essa pessoa: adorar a atenção que recebia, seus olhares, esperar por seus telefonemas, dedicar seu tempo a ela, acima de tudo. E lembre-se do outro lado também: a ansiedade de imaginar se essa pessoa o amava bastante, do ciúme fácil, da frustração de se sentir tão dependente de alguém.

Agora imagine como teria sido tal relacionamento se você tivesse levado as coisas um pouco menos a sério. Se não tivesse levado tanto as coisas para o lado pessoal. Imagine se não tivesse se preocupado tanto se ele iria durar para sempre. Imagine se tivesse se prendido menos a essa relação e deixado a outra pessoa respirar. Imagine se essa pessoa fosse um pouquinho menos importante para você. Imagine que "você" não estivesse em jogo nessa relação.

E eis o que é estranho nisso tudo: não significa que você ame menos essa pessoa. Na verdade, esse pode ser o ponto em que as definições de amor começam a se diferenciar. Porque o amor romântico cheio de apego e pegajoso que nós e nossa sociedade defendemos como "amor" pode se transformar em outro tipo de "amor" quando paramos de nos apegar.

É uma consequência inesperada, mas quando se dá menos importância, o amor parece crescer. Experimente, mas é um mundo tridimensional para pessoas normalmente bidimensionais.

Parte disso se deve, é evidente, à tensão e ao relaxamento. Quando você está ligada e dependente, há uma enorme tensão no relacionamento. Não há espaço para a mudança. Assim que algo muda, as coisas começam a se afrouxar, como uma mola muito apertada se distendendo.

Quando você relaxa de tudo — quando se desvencilha do seu apego e investimento na relação —, sobra mais espaço. E assim como a energia *chi* flui mais prontamente em um corpo relaxado, também o amor flui mais fácil num relacionamento relaxado.

Portanto se você tem medo que o seu homem (a sua mulher) fuja com outra pessoa — Dane-se!, o mundo está cheio de homens e mulheres.

Quaisquer que sejam os seus problemas e tensões no relacionamento, veja como é dizer Dane-se! para eles. Fale o seu problema em voz alta. Depois diga Dane-se! e veja como se sente.

Sinto que ela não me acha tão atraente como antes! Bem, Dane-se!

E assim por diante.

Não importa em que fase você esteja em seu relacionamento, afaste-se por um mês e observe como se sente quando as coisas não são tão importantes. Sinta o relaxamento. Sinta a liberdade. Depois toque a sua vida e veja o que acontece.

Da mesma forma que a energia flui através de um corpo

recém-relaxado, o amor e a energia podem começar a fluir mais através de você e de sua relação. Aqui vão algumas das coisas que poderiam acontecer:

- Uma nova vida entra na sua relação e você muda para um patamar diferente.
- Você percebe que esse relacionamento não é bom para você e acaba com ele.
- O amor cresce nessa relação e ao mesmo tempo você reconhece que também quer o amor de outras pessoas.

A terceira possibilidade é potencialmente a mais confusa (e interessante). Você pode achar que esse aumento de amor que você sente é difícil de refrear e conter (dentro da sua relação). Você pode trabalhar no sentido de ter um relacionamento mais "aberto". Isso é comumente conhecido como "ter o porco no curral e o pernil na geladeira". Ele inclui reconhecer o desejo incessante e contraditório que todo ser humano tem: estar com uma pessoa para sempre... e estar, também, com outras pessoas (em geral, por um tempo consideravelmente curto, como uma noite).

Esse parece ser um caminho difícil e perigoso. E por acaso as relações monogâmicas são fáceis e seguras?

Se essa ideia toda o assusta, diga Dane-se! e siga em frente. Um dia você poderá querer rever sua posição, e poderá voltar e então reler esta parte.

Diga Dane-se! para o mal-estar e a doença

Muitas pessoas entram para o mundo das terapias alternativas — e os aspectos espirituais que as acompanham — em busca de cura para uma enfermidade. Seja porque a medicina tradicional falhou e estão ampliando sua rede de busca, ou por não acreditarem nela desde o início.

E a medicina alternativa tem muito a oferecer. Parece que — dentro da gama desconcertante de terapias à disposição — uma poderá proporcionar-lhe a cura. O problema, no entanto, é que as ofertas são incríveis. É tentador — se você sofre de algum tipo de enfermidade — ir experimentando toda uma lista de alternativas até encontrar a que funcione para você como num passe de mágica.

Quanto a esse aspecto, a diferença entre a medicina convencional e a não-convencional é fascinante.

É irônico que a abordagem da medicina não-convencional seja holística, mas a reação seja compartimentada. Assim, a maioria dos terapeutas irá tratá-lo como um todo: corpo, mente e espírito estão todos interligados, e os sintomas físicos são apenas um indicador do desequilíbrio geral. Mas a reação é compartimentada: portanto, há possivelmente cinquenta diferentes maneiras não-convencionais de lidar com o seu desequilíbrio geral.

Já na medicina convencional a abordagem é compartimentada, mas a reação é uniforme. Portanto, a maioria dos médicos tratará aquela sua parte que está doente, em geral ignorando outros sintomas do seu ser "total". Se você tiver um problema com os olhos, será mandado a um oftalmologista. Mas depois a reação é uniforme. O seu problema dos olhos, é bem provável, vai ser tratado de forma igual por qualquer oftalmologista do mundo.

Então a medicina não-convencional é como uma versão às avessas da medicina convencional.

Se você está — ou tem estado — doente, de forma crônica ou aguda, ou mesmo de forma branda, suspeito que você tenha experimentado a sua quota de terapias alternativas. Portanto, você reconhece o desafio de encarar essa imensa lista de possibilidades. Onde começar? O que é melhor para você?

Aqui na Itália a medicina não-convencional tomou outro caminho. E é muito mais simples. O modelo da medicina tradicional tem uma imagem holística espelhada na homeopatia. Há, é claro, muitas outras terapias nos bastidores, mas para a maioria das pessoas a escolha é simples: ou a abordagem convencional ou a natural e homeopática. Uma consulta com um homeopata é igual a de um médico comum (exceto pelo fato de que os remédios são mais caros); de fato, há uma grande chance de que o homeopata seja também um médico convencional. Muitas farmácias — até nos menores vilarejos — oferecem remédios homeopáticos também.

E, embora os estudos científicos continuem a demonstrar que não há nada (literalmente) no remédio homeopático, há um enorme trabalho envolvido aqui. E é uma alternativa fácil e bem recebida para pessoas desiludidas com a medicina convencional.

Se você está — ou esteve — doente, você também reconhece o desespero para encontrar a cura. E penso que aqueles que estão interessados no mundo da medicina alternativa sentem isso ainda mais de maneira mais profunda.

Isso funciona em vários níveis.

Primeiro, é muito óbvio, se o seu mal estiver lhe causando dor, desconforto, perturbações, então você está desesperado para resolvê-lo. Se você não consegue dormir ou se sente o tempo todo cansado, sente dor ao urinar, sua pele está irritada, a barriga estufada, o couro cabeludo descamando, ou suas mãos tremem, é claro que você quer se livrar desses sintomas. E vai às últimas consequências para resolvê-los: seguirá uma dieta ridiculamente rígida; fará exercícios respiratórios calmantes durante uma hora por dia; ferverá ervas de cheiro desagradável; deixará alguém espetar dez finas agulhas em partes sensíveis do seu corpo; tentará fazer posições de ioga em que você tem que colocar o calcanhar acima da orelha; tomará remédios caros que não contêm "remédio" nenhum.

E, sabe, eu acho que é compreensível — e até louvável. Eu mesmo já fiz isso e tenho todas as medalhas.

Segundo, há algo inerente ao mundo holístico que nos arrasta de maneira contínua para o objetivo do "bem-estar". Se saúde significa integridade, a doença não. Se não estivermos totalmente bem e vibrando por estarmos vivos, então, de algum modo, não estamos inteiros. E esse é um peso enorme para se carregar, já que muitos de nós não estamos bem (ou não muito bem) o tempo todo. Sim, eu sei, os sintomas e as doenças são vistos como depuradores e purificantes para o corpo... O corpo se move de modo natural em busca do bem-estar, e a doença pode, portanto, ser vista como "boa". Mas no fim é sempre a mesma coisa: a doença é boa apenas porque é momentaneamente percebida como um meio para atingir um fim, que é o bem-estar. É boa só por causa do objetivo final.

No mundo da medicina holística, há um apego à integridade e ao bem-estar: um desejo de plenitude que espelha o caminho espiritual de, digamos, um praticante de ioga que aspira à "união" espiritual.

E é assim que é.

E sabe de uma coisa? É cansativo e chato. Como todo apego a algo é cansativo e chato. É chato e cansativo pular de uma terapia para outra alcançando diferentes níveis de sucesso. Se um tipo de terapia parece estar funcionando, você realmente vai em frente e suas esperanças crescem. Daí ela parece deixar de funcionar e você se deprime. Cada terapia lhe é oferecida evangelicamente por alguém que foi "curado" por ela e que acha que ela fará o mesmo por você. Ela pode ajudar, mas em geral não é a cura.

Claro que há uma chance de que seja. Aquelas pedras quentes

sobre suas pálpebras podem muito bem curá-lo da sua síndrome da unha encravada.

Mas eu preferiria considerar outra possibilidade.

Algumas pessoas ficam tão cansadas e entediadas de tentar de tudo, gastar rios de dinheiro e investir tanta energia, que apenas desistem. Elas dizem um grande "Dane-se!" e finalmente desistem de querer ser saudáveis e perfeitas. Continuam sentindo dor e mal-estar como sempre, dizem apenas "Dane-se!" e se rendem a ela. Nada parece fazer qualquer diferença mesmo, então por que passar pela dor adicional de ter esperanças de que vai se curar?

Elas se rendem totalmente ao seu mal. Entregam-se à sua dor. Desistem de querer ser diferentes do que são no momento. É provável, começarão a comer coisas que há tempos não comem, podem voltar a beber ou fumar. O que elas realmente fazem é RELAXAR. A única coisa que você faz mesmo, quando fala "Dane-se!" é relaxar.

E sabe o que acontece? Talvez não imediatamente. Talvez não durante certo tempo. Mas elas tendem a melhorar. E essa melhora pega-as de surpresa, porque tinham desistido de contar com ela. Mas melhoram completamente e alcançam o que haviam desejado. O que acontece é que elas, genuinamente, não estão mais preocupadas com a saúde, então ela passa a não ser tão importante assim — e de repente, estão cheias de saúde.

Descrevi um processo natural: a maneira natural de dizer Dane-se! Agora, se você está lendo essas palavras existe uma grande chance de que também esteja cheio, cansado e pronto para desistir. Não diga Dane-se! só para enganar os deuses quando, lá no íntimo, se importa muito com sua saúde e acha que esse é um método secreto e inteligente de ficar bem. No momento em que você para de dar tanta importância à sua saúde, as coisas começam a mudar.

Quando você se preocupa menos — ou talvez nem um pouco

— isso não significa necessariamente que você irá parar de comer bem, de fazer exercícios, meditar ou fazer acupuntura: mas o desespero e o investimento em fazer essas coisas desaparecem.

Hoje em dia, eu como bem porque realmente aprecio o gosto de vegetais frescos e frutas. No entanto, eu também aprecio o gosto de sorvete; então tomo sorvete também.

Agora, eu faço exercícios porque gosto da sensação de gritar descendo uma montanha numa **mountain bike** e a sensação de cansaço físico em meu corpo... e não porque (um dia) eles contribuirão para que eu alcance a saúde plena.

Agora, medito por causa da energia que se espalha através do meu corpo, mas que não é diferente da energia que se espalha pelo meu corpo quando fico com raiva.

O que acontece a seguir? Como de costume, tudo se deve ao relaxamento. E, assim como muitas outras pessoas — conheço o poder da cura de doenças há muito tempo. Pratiquei *tai chi* e *chi kung* para usar o movimento, a respiração, e o *chi* para relaxar completamente o meu corpo. Pratiquei hipnoterapia a fim de usar a mente para relaxar completamente. Experimentei praticamente todos os métodos de relaxamento disponíveis. Porque, há muito tempo, eu já sabia o que muitas pessoas não percebem: que os problemas não existem num estado total de relaxamento. Problemas físicos, mentais, emocionais e espirituais não têm a que se agarrar num estado de total relaxamento.

Eu sabia disso. Pratiquei os métodos em nível avançado. E, no entanto, pouca coisa havia mudado. Por quê? Porque eu ainda tinha objetivos, apegos e uma infinidade de significados. E todas essas coisas são basicamente tensão. O problema é o seguinte: se deseja ter saúde e utiliza o melhor método de relaxamento para tentar obtê-lo, seu grande anseio cria uma tensão que até mesmo a melhor técnica é incapaz de dissolvê-la. Portanto, o método mais avançado de relaxamento que você encontrará é não desejar e não se importar... é dizer Dane-se!.

Pare de querer qualquer coisa. E tudo virá a você. (Mas é claro que você não pode querer isso!)

Diga Dane-se! para o dinheiro

Em nosso mundo de significados, o dinheiro significa muito. Isso, evidente, não se aplica a todo mundo, mas em geral:

- Se não temos muito dinheiro, gostaríamos de ter algum e que todas as nossas preocupações com ele desaparecessem.
- Se temos uma quantia razoável de dinheiro, suficiente para não termos que nos preocupar com as contas e podemos pagar pelas férias, sonhamos em ter mais, em poder ter um carro melhor ou viver numa casa maior.
- Se somos ricos, ainda assim queremos mais, queremos ser financeiramente independentes ou ter uma casa de veraneio no exterior.
- Se somos podres de ricos, tendemos a nos preocupar com a possibilidade de perder tudo na próxima crise financeira.

Se não somos ricos, tendemos a nos ressentir com aqueles que são: julgamos os que ostentam, dizemos que "dinheiro não traz felicidade"; que "ninguém leva dinheiro junto quando morre"; achamos que "dinheiro é indecente".

Se somos ricos, podemos ter uma atitude bem defensiva a respeito do dinheiro: ele pode ser importante para nós porque "trabalhamos muito para ganhá-lo" ou então achamos que não somos tão ricos assim (comparado com pessoas mais ricas) e podemos não ostentar deliberadamente, comprando um carro de valor moderado, não um que chame muito a atenção.

Portanto, quer estejamos quebrados ou podres de rico, o dinheiro traz problemas. Você, é provável, tem suas opiniões a respeito de dinheiro. Talvez ache que tudo bem ser "razoavelmente rico", mas que ter demais chega a ser imoral.

Bom, Dane-se! Que tal não fazer julgamento algum a respeito do dinheiro, e apenas aceitar as coisas como são?

Afinal de contas, o dinheiro é apenas um meio abstrato de troca. Ele é o mensageiro no negócio de troca entre você e o mundo. E você conhece aquela história do mensageiro: não o mate [só porque você não gosta do que ele traz].

É só uma questão de troca. Se o que você tem para oferecer vale muito para outras pessoas, então elas lhe darão muitas coisas em troca. Então, só por um momento, imagine que não existisse dinheiro. Suponha que alguns de vocês lessem esse livro e me oferecessem algo por ele. No momento, estou necessitando de flores para o meu jardim. Então vocês me dariam flores. Se mais pessoas lessem o livro, mais flores eu receberia em troca. No próximo verão, meu jardim vai estar cheio de flores e com uma aparência linda. Isso é que é ser rico. Eu lhe ofereço algo que você gosta e você me dá algo em troca. Estou feliz por lhe dar algo de valor. Estou feliz que meu jardim inóspito esteja agora repleto de flores. Isso é maravilhoso: não há nada de sujo ou imoral nisso, há?

O mesmo acontece com você. Quando você trabalha (ou seja lá o que faz para ganhar dinheiro) imagine que você está simplesmente oferecendo algo de valor ao mundo, e o mundo dá valor a ele e lhe dá algo em troca. O mundo valoriza o que você faz ao lhe dar dinheiro para pagar as suas contas, comprar roupas, jantar fora, tirar férias, aparecer em casa com um carro novo.

Apenas isso, você está numa constante troca de valores com o mundo. Quanto mais valor o mundo dá ao que você faz e o que você está dando, mais ele lhe dará algo em troca.

O que tende a acontecer é que quanto mais você se valoriza, mais o resto do mundo tenderá a concordar com você e valorizá-lo também.

Portanto, comece por valorizar a si mesmo. Ouça o guru empresarial da L'Oreal: "Porque Você Merece".

Aprecie o processo de troca: seja ele pequeno ou grande. Se você está feliz por ser humilde e contido, aprecie as pequenas coisas que o mundo lhe traz pelo que você oferece.

Se você quer oferecer algo surpreendente ao mundo, escute com atenção e valorize o que você recebe em troca.

Não se ressinta com aqueles que estão recebendo muito pelo que estão oferecendo ao mundo. Aprecie isso: aprecie o fato de o mundo ser suficientemente generoso ao lhes dar valor.

E não coloque limites no que você acha que o mundo deveria lhe dar. Se as pessoas continuarem a ler este livro, e continuarem a me mandar flores, eu continuarei a aceitá-las e a encher o meu jardim. Um problema que poderei ter é não haver água suficiente para mantê-las vivas. Então acho que por uns tempos vou ter que estipular que ainda gosto de flores, mas, de preferência, as que não necessitem de muita água. Sim, eu poderia criar um jardim de cactos.

E quando ele estiver bem cheio, vou saber com toda a certeza que já sou oficialmente "Podre de Rico".

Diga Dane-se! a algumas das suas preocupações com dinheiro, concebendo o dinheiro simplesmente como sua relação de troca com o mundo. Mas diga também Dane-se! ao dinheiro e ponto-final. O dinheiro, na verdade, não é tão importante assim. Muita da tensão envolvendo dinheiro é por causa do medo de não ter nada.

Portanto, é muito bom imaginar como seria não ter dinheiro algum, para que você possa enfrentar de cabeça esse medo. Imagine que você perdeu todo o seu dinheiro e tudo o que tinha. O que você faria? Numa sociedade como a nossa, eu imagino que a maioria de vocês seria capaz de lidar com isso. Talvez precise lançar mão do auxílio-desemprego enquanto procura por um trabalho. Depois você encontra um trabalho qualquer, e consegue dinheiro suficiente para alugar um apartamento etc..., etc... e já saiu dessa.

Se você perder tudo, não vai morrer por causa disso.

Portanto perca o seu medo de perder dinheiro. O mundo ainda continuará a valorizar o que você tem para oferecer e lhe dará, generosamente, presentes mais uma vez.

Qualquer apego ao dinheiro significa — está claro — tensão. Apego a ganhar mais ou a conservar o que tem. É tudo tensão. Dizer Dane-se! ao dinheiro libera essa tensão e traz relaxamento e paz. E, como já vimos para outras áreas, quando há relaxamento as coisas fluem. O mesmo acontece com relação de troca a que chamamos de dinheiro. Quando relaxamos nosso apego ao dinheiro, as coisas tendem a fluir mais naturalmente. Significa que as coisas tendem a fluir de modo mais natural em ambas as direções. Se você deixa de ser tão ansioso a respeito de perder dinheiro, então você pode muito bem gastar mais, investir mais e ser mais generoso. E isso mantém o fluxo em movimento. Você verá que mais dinheiro começará a vir em sua direção.

Gosto dessa teoria sobre o dinheiro: manter o dinheiro em circulação. No entanto, arrependo-me de ter compartilhado essa ideia com minha companheira. Ela sempre volta pra casa cheia de sacolas de roupas, dizendo: "Só estou fazendo o dinheiro circular". Balanço a cabeça, levanto as sobrancelhas e digo: "Ah! Dane-se!".

Dinheiro. Se você não tem nenhum, diga Dane-se! e goste da vida como ela é. Se você tem algum, diga Dane-se! e comece a apreciar o fato de as pessoas o valorizarem. Se você tem um montão, diga Dane-se! e comece a gozar de sua fortuna, pensando que você é uma pessoa tão surpreendente que ele vem pra você.

Diga Dane-se! para o tempo

Eu dou risada quando as pessoas reclamam do tempo.

Todo dia somos rodeados por coisas que não nos agradam. O barulho do cachorro latindo na casa vizinha, o modo como nosso companheiro nos ignora no café da manhã, o congestionamento de carros a caminho do trabalho, receber outro projeto com prazo final superapertado, aquele cara chato do trabalho...

E acreditamos que podemos exercer algum controle sobre essas coisas que nos aborrecem: poderíamos dar um tiro no cachorro, pedir que nosso companheiro nos dê mais atenção, sair de casa mais cedo, recusar o projeto, pedir para o chato ir amolar outra pessoa.

Uma maneira muito harmoniosa de viver num mundo desagradável seria mudar o que incomoda ou simplesmente aceitá-lo como é.

Uma maneira difícil de viver é não mudar o que nos irrita nem aceitar as coisas como são. Gastamos nossos dias nos aborrecendo com coisas a respeito das quais não queremos fazer nada. E é assim que muitos vivem.

Se isso soar um pouco sem propósito, então para mim é hilariantemente sem propósito se queixar do tempo. Porque essa é uma questão sobre a qual não podemos fazer absolutamente nada. Não hoje, pelo menos. A longo prazo, você pode se mudar para um outro país e viver sob um outro clima; mas, no momento, esse é o tempo que existe aí onde você está.

Queixar-se do tempo é o exemplo mais absurdo de não aceitação das coisas.

Por isso, diga Dane-se! ao tempo, qualquer que seja ele. Principalmente se você vive num país como o Reino Unido. Relaxe. Olhe para o céu cinzento e pense que é mais ou menos como viver num pote. Aprecie o som da chuva batendo na capota do carro.

Aconchegue-se perto da lareira quando estiver frio. E derreta-se ao sol quando ele aparecer.

Diga Dane-se! e desista de querer ser uma pessoa tranquila

Durante muito tempo eu quis ser uma pessoa calma e serena. Recordo-me de ter escrito há dez anos uma lista das coisas que eu mais queria. E no alto dela estava "Paz" (e só para o caso de você querer saber, a coisa seguinte era ter uma **Chopper**[12] original).

Passei anos em busca da paz: pratiquei *chi kung* e meditação diariamente, tentando resolver os problemas que me tornavam atormentado, procurando conhecer pessoas que viviam em paz. Consegui uma boa melhora com essas práticas, especialmente com o *chi kung*. E imaginei que talvez se eu pudesse praticar mais ainda, finalmente acabaria entrando permanentemente no estado *chi kung* (que é um estado de transe leve em que você fica completamente relaxado e a energia flui de maneira uniforme pelo seu corpo).

Eu me imaginava como uma montanha fria: pouca atividade na superfície, mas sólida como uma rocha por dentro.

Eu me imaginava como um monge taoísta: executando calma e suavemente as atividades diárias em paz e atentamente.

Eu me imaginava sendo igual ao meu amigo Richard, que consegue permanecer calmo e sereno não importa o que aconteça.

Eu imaginei que se eu trabalhasse com mais afinco ainda, eu conseguiria ser mais tranquilo.

Mas, por mais que eu tentasse e por mais que examinasse os meus problemas, eu continuava me deparando com um grande

---

12   É um modelo de moto, ao estilo *Easy Rider,* famoso filme *cult* dos anos 1960. No Brasil, o filme foi intitulado *Sem Destino.*

obstáculo no caminho da minha paz: eu mesmo. Mesmo que meditasse por três horas, eu ainda continuava retornando pra mim, no final das contas.

E esse sou eu: posso ser sereno e calmo, generoso e gentil, centrado e equilibrado. Mas posso também ser estressado e ansioso, zangado e agressivo, medroso e nervoso, egoísta e frio.

Eu reconhecia que, terapeuticamente, era importante pôr para fora as emoções "negativas". E imaginava que se as examinasse bem, e as desabafasse bastante (num ambiente saudável, é claro), elas por fim iriam embora, e deixariam de existir.

Mas um dia percebi que o que eu estava fazendo não diferia em nada do que minha mãe sempre havia feito, e eu julgado de maneira tão severa: como cristã, ela considerava o seu lado "bom" como sagrado, de Deus; e o seu lado "ruim" como pecaminoso, e o pecado pertence ao Diabo. Sempre tive dificuldade em entender como alguém poderia olhar para si e para as suas próprias características e acreditar que elas poderiam vir de uma força sombria e maléfica. Quando minha mãe come demais, considera-o como gula, e um pecado. Para a maior parte de nós é apenas uma coisa ruim; para ela, é um pecado. Então ela passa a vida tentando lutar contra a força sombria com o seu sabre luminoso da paz, de inspiração divina. No entanto, o Darth Vader do pecado está sempre rondando: sob a forma de **nuggets** de frango ou de um bolo, tipo floresta negra.

Em resposta a esses permanentes episódios de Guerra nas Estrelas cristão, eu proclamei o poder do ser humano integral. Adorei ser eu mesmo, com qualquer silhueta, desde tenra idade.

E aí então, de alguma maneira, eu entrei numa viagem de paz. E, é claro, um dia compreendi que querer ser sereno e parecido com um monge estava me fazendo julgar todas aquelas partes minhas que não eram serenas e calmas. Ao meu modo, eu estava considerando o relaxamento, a serenidade e a generosidade corretos e sagrados. E considerando o estresse, a raiva e o egoísmo errados e pecaminosos.

Portanto, eu disse Dane-se! à tentativa de ser alguém que eu não era. Parei de me julgar. E, caramba, que alívio que foi. Que alívio que é.

Cada emoção que sinto está absolutamente correta do jeito que é. Sentir amor e paz está tão certo quanto sentir raiva e ansiedade. É isso que significa realmente "não julgamento" e "aceitação". Você não pode dizer: "Tá bom, não vou me deixar abater pela raiva, mas é claro que é melhor ser pacífico". Não. As duas coisas são iguais: isso é que é não julgar.

E há um efeito colateral fantástico em se aceitar como se é: você começa a aceitar os outros como são, também. Pode não acontecer de imediato, mas sem dúvida, começa a acontecer. E acontece devido a uma simples razão: sempre que você julga os outros, isso se deve a uma não aceitação de si mesmo.

Jesus mesmo começou a aludir a isso quando disse: "Ama a teu próximo como a ti mesmo". Eu sei que ele não tinha tido o privilégio de conhecer a teoria psicanalítica da Gestalt naquela época, mas ele se esqueceu de uma coisa muito importante — que a maioria das pessoas não ama a si mesma. E é porque elas não se amam que são tão desagradáveis com os outros.

Desculpe, Jesus, mas posso sugerir uma frase melhor? "Amem a si mesmos, caras, e daí vocês começarão a amar os outros, e podemos todos nos reunir numa espécie de festival *hippie*, de amor-livre, tirar as sandálias e esfregar as barbas uns nos outros. Paz e amor, bicho."

Talvez Jesus tenha dito isso mesmo, mas os velhos enfadonhos Mateus, Marcos, Lucas e João retiraram as partes boas. Judas estava, provavelmente, sentado lá fumando um baseado dizendo: "E aí, bicho, que tal aquela parte em que Ele falou sobre o festival do amor? Foi o máximo. E Mateus virou-se e esmurrou-o.

Judas protestou: "Pô, cara, foi só uma ideia".

Lucas levantou-se e deu-lhe um chute bem no meio das pernas. Depois disso, Judas calou-se.

Talvez você também queira ser uma pessoa serena e tranquila. Talvez queira ser uma pessoa amável e generosa. Ou talvez queira ser uma pessoa implacável e fria. Sempre que definir os limites do que você quer ser, você estará transformando as suas outras partes em "erradas" e isso significa que você está sem opção. Mesmo a pessoa que deseja ser implacável e fria, vai sentir amor e afeto de vez em quando, e começará a recriminar-se por ter esses sentimentos.

Então diga Dane-se! ao que quer que queira ser. Seja apenas quem você é. Não há necessidade de ser mais nada. Não há necessidade de se desenvolver ou melhorar. Não há necessidade de ser como qualquer outra pessoa.

Você está muito bem exatamente como é neste momento. Sinta isso agora. Todos aqueles aspectos seus que você não gosta, de que tem vergonha, estão todos certos. O que você pensa do seu pior lado deve ser igual ao que pensa do seu melhor lado.

Quando você está furioso, ansioso, enciumado, implacável, é a mesma pessoa que quando você está calmo, sereno, generoso e afetuoso. Porque tudo isso é você. E eu. E todo mundo neste planeta. E fingir o contrário significaria que teríamos que ir embora e começar uma religião apelativamente intitulada: "Eu sou só isso, sabe, e não aquilo. De verdade".

As religiões são apenas isso. Só que acrescentam outra frase, que sempre me deprime e que na totalidade passa a ser: "Eu sou só isso, sabe, e não aquilo. De verdade. E se você é o que eu penso que não sou, então você está errado. E queimará no inferno por isso".

O que estamos falando é sobre ser "holístico" no verdadeiro sentido. Como pessoas integrais, somos muitas coisas. Na verdade, enquanto pessoas integrais, somos tudo. Como uma pessoa integral, eu sinto cada emoção que já foi experimentada por outra pessoa. E às vezes, sinto-as todas num só dia. Posso, inclusive, sentir todas elas enquanto estou assistindo a um episódio de **Coronation Street**[13].

Diga Dane-se! na criação dos filhos

Se você não tem filhos, talvez deva pular esta parte, pois me dirijo diretamente aos pais. E você pode se entediar um pouco. Como quando alguns de seus amigos que têm filhos começam a conversar sobre fraldas, vacinas, em que escola colocá-los, e como são bonitinhos quando estão fazendo cocô. Pare agora e pule para o próximo tópico, por favor. Não suportaria fazê-lo passar por isso.

Resumindo, isso é o que é a criação dos filhos. Quem não tem filhos não consegue entender o que é, não é mesmo? Para nós, pais, era impossível perceber como seria, antes de termos filhos.

Percebo que o processo todo foi concebido para facilitar a aceitação da ideia de ter crianças à sua volta. Afinal de contas, você leva nove meses — nove meses inteiros, que é praticamente um ano de sua vida — para começar a se acostumar com a ideia. E há muitos aspectos da gravidez que lhe permitem começar a ter uma ideia do que é ser pai ou mãe: a mulher vomita o tempo todo para você se acostumar com o cheiro; ela começa a roncar, para você se acostumar a ser incomodado durante a noite; ela não pode fazer nada arriscado, então você se habitua a ficar em casa vendo tevê em vez

---

13   Famoso seriado de tevê, muito popular no Reino Unido, que vai ao ar desde 1960.

de frequentar clubes e consumir drogas; ela fica tão grande que você se habitua a ter menos espaço na cama.

Mas nada — nem mesmo esses nove meses — pode prepará-lo para o que é ter filhos. Minha esposa e eu temos dois gêmeos não-idênticos — o Arco e o Leone. E, na primeira noite após o nascimento deles — às quatro horas da madrugada —, eu trocava fraldas pela centésima vez... o que foi uma experiência estranha, porque ninguém jamais me disse que eles iriam cagar, ora, droga, que durante algum tempo iriam cagar chocolate derretido. Então, lá estava eu, na claridade anêmica da madrugada, me acostumando à nova rotina de limpar cocô do corpo do meu bebê e recolocar as calças plásticas, deixando-o pronto para a próxima evacuação.

Olhei ao redor e pensei: "Tudo bem, eu consigo fazer isso. Sim, estou cansado. Mas consigo fazer. Eu consigo passar por isso". Depois, então, dei-me conta de que eu não tinha que fazer aquilo só naquela noite. E que não era a mesma coisa que varar a noite escrevendo um trabalho de última hora para a faculdade, em que poderia estragá-lo minutos antes do prazo final às dez horas da manhã, depois voltar para casa e dormir durante dias. Não, senhor. Não era só naquela noite. Era naquela e na próxima, e na noite seguinte, e na seguinte e assim por diante.

E suspirei.

Mas então, um dia, um dos meus bebês deu uma risada. E eu me derreti todo.

E nas semanas seguintes eu aprendi que tudo é concebido para estar em equilíbrio perfeito. O inferno absoluto, das primeiras semanas, causado principalmente pela privação do sono, foi perfeitamente equilibrado pelo paraíso absoluto de terem surgido subitamente aqueles dois bebês incríveis como a coisa mais importante da minha vida.

A paternidade é surpreendente. É impossível descrever o amor que se sente pelos filhos. Ultrapassa tudo o que já vivenciei antes. Seus filhos constantemente lhe relembram qual é a razão de tudo isto aqui. Sei que é um clichê, que analisaremos daqui a pouco, mas é a verdade.

Nossos filhos estão agora com quatro anos e ainda os observo, embevecido. Até o momento eles têm falado principalmente o italiano. Mas, essa semana, um deles começou a falar comigo em inglês. Ele fala tudo em inglês e é um milagre. Meu coração se derrete todo a cada vez que ele fala algo. A conversa de hoje:

— Papai. O que você está fazendo, papai?
— Escrevendo um livro.
— Um livro papai? Onde ele está?
— Aqui. Aqui dentro.
— Dentro do computador, papai?
— Sim. E um dia ele será um livro de verdade.
— Posso ver, papai?
— Sim. É isto, aqui.
— Onde papai?
— Aqui dentro...

Portanto, essa semana ganhei um presente que a maior parte dos pais não ganhará: ver o meu filho falando com competência o meu idioma, de repente. Não "gato", "cachorro", "papai", "mamãe"... mas "Mim ir no mar, papai, e brincar na árvore, papai". É espantoso.

Meus filhos são muito importantes para mim. Talvez signifiquem tudo para mim.

E aqui estamos nós, num livro sobre dizer Dane-se!, falando sobre o significado, que provoca sofrimento, e de como as coisas não são tão importantes assim como você pensa... e esbarramos com o significado fundamental e irrefutável dos filhos nas nossas vidas.

Portanto, vamos deixar uma coisa clara: o significado não é errado. Algumas coisas sempre terão significado para você e para mim. Não é necessário se sentir culpado por seus filhos significarem mais do que tudo para você.

Mas os filhos nos dão um *insight* a respeito do nosso mundo de significados. Não é possível prever como será ter filhos porque é impossível prever o quanto o nosso mundo de significado pode mudar. Algumas semanas após ter o seu primeiro filho, você nem consegue mais imaginar como era não ter filhos. Não consegue imaginar o que você fazia com o seu tempo. Você não consegue imaginar porque se preocupava com as coisas com que costumava se preocupar.

Ter filhos é uma Máquina de Perspectiva absoluta. As coisas que eram importantes antes, que tinham significado para você, tendem a cair humildemente de joelhos e afastar-se com um pedido de desculpas, reconhecendo o impressionante significado dos recém-chegados.

Tudo muda. E mostra que os significados não são fixos. Eles podem se alterar e mudar. Um mês após os garotos terem nascido, eu disse Dane-se! para uma carreira que anteriormente era muito importante para mim. Já não significava nada. E fui em frente.

Portanto, a paternidade e a maternidade trazem consigo um certo grau natural de Dane-se!. Passamos naturalmente a considerar sem importância coisas que anteriormente eram importantes. Mulheres que antes se preocupavam com sua aparência e com as roupas que vestiam, são agora vistas na lanchonete local usando macacões folgados sujos de vômito nos ombros. Capitães da indústria com reputação de sérios são agora vistos em parques ensolarados entretendo criancinhas risonhas, fazendo **cutchi-cutchi**, fazendo caretas estranhas e parecendo... isso mesmo, uns patetas.

Ser pai dá-nos uma compreensão única do que é dizer Dane-se! a um monte de coisas na vida.

E quanto à missão de se criar filhos?

O primeiro fenômeno dela é que tudo é novo e difícil. Cuidar de crianças é uma tarefa muito difícil. E não se pode ir à universidade para aprender essas competências. Nem sequer a cursos noturnos. O máximo que você pode fazer é um curso ante[pré]natal. (Porque não mudam esse nome? Ele pode confundir as pessoas: por que devo ter aulas com pessoas que são antinatal? Quero conversar com pessoas que sejam pró-natal, pelo amor de Deus! Com um nome desses não pode ser um bom começo, pode?)

Esses cursos, além do mais, só cobrem a gravidez e o parto. O máximo que você consegue é um cursinho rápido do que fazer no primeiro dia: ou seja, como trocar fraldas e segurar o bebê.

É mais ou menos como astronautas irem fazer um curso noturno de ante[pré]decolagem, e lhes ensinarem tudo sobre como se preparar para a decolagem: "Agora, lembrem-se de que a decolagem pode ser difícil para todos vocês, vocês precisam ajudar uns aos outros, cuidar uns dos outros. E não se esqueça de ter à mão o saco plástico para enjoos, só por via das dúvidas. Certifique-se de que tem pijamas, roupas de baixo de reserva e comprimidos para enjoo antigravitacional. O principal é desfrutar a decolagem. É um processo lindo, do qual se lembrarão para o resto da vida.

Está tudo muito bom, mas... o que acontece depois que eles estão lá no espaço?

— Houston, pode ouvir-me? Aqui é Apolo 21; repito, Apolo 21.

— Recebendo muito bem. Apolo 21. Aquilo é que foi decolagem. Aqui estamos todos completamente bêbados com todo aquele champanhe e abraços para todo lado, Apolo 21.

— Escutando, Houston. Mas, Houston...

— Sim, Apolo 21...?

— O que fazemos agora?

— Hum... como assim, Apolo 21?

— Bem, quer dizer, há montes de, hã, ponteiros e mostradores, interruptores e coisas do tipo. E, cada vez que desafivelo meu cinto de segurança, começo a flutuar por toda a parte e nem mesmo consigo cagar sem que as fezes fiquem flutuando por aí como numa droga dum filme de ficção científica. Que diabos está acontecendo aqui, Houston?

Isso é o que é ser pai recente. O único preparo que você pensa que precisa ter para esse período pós-parto é pintar o quarto do bebê com cores vivas e ir à loja de artigos para bebês, gastar uma fortuna em coisas que, na verdade, não quer.

Depois de alguns dias de caos você corre à livraria mais próxima atrás de ajuda. Felizmente, isso já aconteceu antes e alguém previdente escreveu um livro chamado *Fuck, I am a Parent, What the Hell do I do Now?* No qual as páginas são plastificadas, então você não corre o risco de estragar o livro com xixi, vômito ou cocô.

Então você lê o livro, sente-se por fora e o que acontece é o seguinte: sempre que estamos inseguros a respeito de algo, cria-se um vácuo. E a menos que você viva num laboratório científico onde é possível criar um vácuo em tubos de ensaio sugando o ar de dentro deles antes de vedá-los, o seu vácuo vai tentar aspirar coisas.

E sabe de uma coisa? O mundo todo quer preencher o seu vácuo. Porque todo mundo acha que entende de criação de filhos. E certamente acha que sabe mais do que você com sua aparência cansada.

E você começa a receber conselhos de todos os lados. Recebe conselhos dos seus pais, de outras mães, pessoas na rua, da classe médica, do governo (especialmente hoje em dia, sobre vacinas) e até da Igreja.

Acho que dar conselhos que não foram solicitados a pais recentes é uma forma de intimidação: você pega uma pessoa no seu momento mais vulnerável e a bombardeia com informação.

Mas isso é o que os vácuos fazem: eles atraem coisas que querem preenchê-los.

Portanto, uma boa ideia é vedar o seu vácuo, ou pelo menos colocar um filtro no buraco que está aspirando coisas. Se optar por vedar o seu vácuo, assim é que deve fazer: você deve compreender que todos os pais já passaram por essa fase de insegurança em que pensam que não sabem de nada. Então vale a pena relaxar quanto a esse sentimento. A seguir, você tem que reconhecer que na verdade sabe bastante sobre as questões básicas: você sabe como trocar a fralda do bebê, consolá-lo, alimentá-lo e vesti-lo. E isso — pelo menos por uns tempos — é tudo o que precisa saber.

O resto, você pode inventar. Diga Dane-se! à maré de conselhos e palpites sobre rotinas e padrões de sono, e faça o que achar melhor. Os conselhos que vai receber sobre uma série de "coisas de bebê", fazem parte do que está na moda no momento. Até o mês que vem já terão mudado. E você se arrisca a submeter o seu mais precioso bem a uma teoria que logo será substituída por outra.

Minha esposa e eu pensamos que — na dúvida — é melhor confiar em nossos instintos em vez de confiar num especialista. E isso é verdadeiro para todas as áreas da vida — o melhor especialista que vai encontrar no mundo são os seus próprios instintos.

Se você escolher colocar um filtro no que é sugado pelo seu vácuo de incerteza, então, por favor, confie nesse filtro. O filtro está lá para lhe permitir comparar aquilo que lhe dizem com o que sente ser certo.

Se lhe disseram que para fazer o bebê parar de chorar à noite você deve dar Parecetamol ou Ibuprofen infantil e você sente que não é o certo, não faça.

As doenças nas crianças pequenas podem ser assustadoras para pais novatos. Mas, quando sentíamos necessidade de buscar conselho de um médico e ele receitava um medicamento, sempre perguntávamos: e o que vai acontecer se não dermos esse remédio? A resposta era geralmente assim: "Bem, nesse caso, eles podem ter um pouco mais de desconforto por uns dias" ou "Bom, vão demorar um pouco mais de tempo para se recuperarem". Portanto, use o seu filtro com sensatez.

A razão pela qual você está tão ansioso em relação ao recém-nascido — por ser ele tão vulnerável — é a mesma razão pela qual você deve ser tão cuidadoso com o que lhe põe na boca. Na dúvida, confie em você.

O problema de confiar em si mesmo é que, se algo der errado, você não tem ninguém a quem culpar. Mas, responsabilidade é isso.

A maior parte das pessoas prefere entregar a responsabilidade por si mesmas e pelos seus filhos a outras pessoas, de forma que possam culpá-las, caso algo dê errado.

Mas, no final, culpar outra pessoa não vai fazê-lo se sentir melhor. Não vai levá-lo a lugar algum; só o fará sentir-se tolo por ter confiado em alguém só porque usava avental branco.

Se ajudar, compre um avental branco e confie em você mesmo.

A questão seguinte com respeito à criação de filhos vai surpreendê-lo: a maioria dos pais morre de medo dos filhos. E não me refiro a uma espécie de Damien, o filho do demônio, no filme **A Profecia**. Não estou sugerindo que as pessoas se perguntem se geraram um mensageiro do inferno.

Não, o que quero dizer é o seguinte: o medo advém da vivência de — e, portanto, da antecipação do — sofrimento. E há muito sofrimento para os pais com relação aos filhos. Há claramente muito medo no início. Mas já falamos muito sobre o começo. Vejamos a educação dos filhos depois que passaram da fase do cocô involuntário.

Para você ver por que terá medo dos seus filhos, dê só uma olhada no que eles fazem que causa sofrimento:

- Têm humor instável e beligerante.
- Dizem "não" quando vocês lhe pedem para fazer algo.
- Comportam-se mal em restaurantes e outros locais públicos.
- Estão sempre fazendo algazarra quando você quer sossego.
- Sempre querem que você compre algo novo para eles.

Portanto, consciente ou inconscientemente, você desenvolve algum medo deles.

E eis o que fazemos com o nosso medo: tentamos controlar nossos filhos. Impomos disciplina e "limites" e lhe ensinamos que é certo fazer algumas coisas e não é certo fazer outras. E os obrigamos a se sentarem quietos em restaurantes. Dizemos que têm que fazer silêncio quando o papai está lendo o jornal. Gritamos com eles quando estão mal-humorados, até que parem de ficar mal-humorados. E os ameaçamos quando fazem algo que não queremos que façam.

E toda a sociedade apoia uma abordagem disciplinadora dos pais. E a razão é porque todo mundo traz dentro de si este medo do que os filhos possam fazer.

É como se as crianças fossem monstros (e quantas vezes você já não ouviu no supermercado: "Ah, ele é um monstrinho!") que poderiam se virar e nos comer a qualquer momento. Crianças são seres maravilhosos, puros e inocentes. Nada que uma criança faça é errado. O problema é pensarmos que o que elas fazem é errado. Uma criança não pode, literalmente, fazer nada errado.

Portanto, é hora (pelo menos para você) de dizer Dane-se! a esse medo. Pelos seguintes motivos:

- Quanto menos você tentar controlar os seus filhos, mais eles tomarão conta de si mesmos.
- Quanto menos você discipliná-los (em geral) melhor irão se comportar.

Essa é uma maneira muito bonita de cuidar das crianças porque exige muito menos esforço. Se você tentou ensinar seu filho ou filhos a sentarem-se quietos à mesa, você sabe como é difícil "controlar" as crianças. As crianças são força-vital bruta. Às vezes elas querem correr e brincar e outras vezes querem descansar. Assim é a vida. Há a noite e há o dia. Há o descanso e há a brincadeira. E com as crianças — assim como com a vida — se você tentar impor "que se sentem quietas" quando querem se movimentar, vai ter conflito, na certa.

É muito mais fácil respeitar o ritmo delas do que impor o seu.

Quando você sai do caminho delas, elas passam pelas coisas mais rapidamente:

- Uma criança deixada a sós, logo irá parar de gritar e voltará a ficar quieta novamente.
- Uma criança deixada a sós, logo deixará de ser malcriada e se sentirá feliz novamente.
- Uma criança deixada a sós logo irá parar de correr pelo restaurante e virá comer novamente.

E quando digo "a sós" aqui, quero dizer, evidentemente — sem que você tente controlá-la — e não literalmente "a sós", sozinha.

Experimente fazer menos em vez de mais. Se estiver prestes a impedir o seu filho de fazer algo ou dar-lhe um pito, contenha-se e pergunte a si mesmo se vale a pena esperar um pouco e ver o que acontece.

Se optar por esse caminho de menor esforço e intervenção, invariavelmente vai receber palpites de outras pessoas. Vai receber alguns olhares atravessados em restaurantes e lojas. E cabe a você decidir até que ponto "são só palpites" ou se têm alguma razão de ser (por exemplo: deve ser mesmo desagradável pra cacete as crianças ficarem pulando de mesa em mesa vestidas de homem-aranha aqui nesse restaurante chique).

E se você estiver pensando: "Sim, claro, parece fantástico na teoria, mas na prática com certeza é um pesadelo", leia isto: no final, como pais, nós não "sabemos", apenas intuímos. E nossa percepção como pais até agora tem sido no sentido de deixar os filhos à vontade.

Nossos meninos passaram o ano na escola maternal. E em julho, durante um festival de empinar pipas, sentamos com a professora e ela nos disse:

— O que vocês fazem com o Arco e o Leone?
— Como assim?
— Qual é o segredo?
— Continue...
— Bom, eles são as crianças mais bem comportadas da escola. Nunca temos problemas. Ainda por cima eles nos lembram da hora de fazer as coisas.

Ora, aquilo foi uma surpresa. Não ligamos se são "bem" ou "mal" comportados. Tentamos, genuinamente, não julgar de forma alguma como são. E, no entanto, aqui estão eles sendo elogiados pelo seu "bom" comportamento.

Portanto, não tenha medo de seus filhos, aceite todas as partes e deixe-os ser livres.

Você pode controlar as crianças tanto quanto pode controlar a vida. Em outras palavras, você não pode (com muita facilidade).

Dizer Dane-se! na criação dos filhos é render-se ao que as crianças são. Assim como dizer Dane-se! à vida é render-se ao que a vida é. E as duas coisas são praticamente iguais. Porque as crianças são energia vital pura e não adulterada (ei, veja essa expressão não **adult--erada**. Legal). Se você se acostumar a dizer Dane-se! à maneira de ser de seus filhos, com todas as suas brincadeiras, mau humor, gritaria e ternura, você rapidamente aprenderá a dizer Dane-se! à vida.

Diga Dane-se! para o autocontrole e a disciplina

Muito bem, hoje vou escrever o capítulo sobre autocontrole e disciplina.

Mas, primeiro, vou dar um passeio e nadar. A seguir, comerei umas frutas de café da manhã. E não comerei pão hoje. Talvez eu pule o jantar, hoje à noite. Isso mesmo, vou jejuar até a hora do almoço de amanhã. Isso deverá acabar com um bocado dessa banha. Estive pensando que se eu conseguir nadar todos os dias até o meu aniversário, talvez cinquenta vezes o comprimento da piscina, por dia, vou ficar com uma aparência bem melhor no meu terno de aniversário. Talvez seja muito entediante fazer a mesma coisa todo dia. Já sei: vou caminhar uma hora em um dia, e nadar no outro. E vou me dar um dia de folga por semana. E vou tentar levantar antes das sete horas da manhã todos os dias a partir de agora. E a primeira coisa que vou fazer ao levantar é tomar uma xícara de água quente com limão. Dizem que limpa o fígado. E talvez se eu me limitar a apenas um copo de vinho por noite, isso também ajude a limpar o fígado.

Caramba! Já ia me esquecendo. Sobre o que é mesmo este capítulo? Autocontrole e disciplina? Puxa, o que eu sei sobre isso?

O que eu sei é o que você sabe: que nossa mente adora a ideia de autocontrole e disciplina. Adoramos a ideia de melhorar, de nos aperfeiçoarmos, de ficarmos mais em forma e mais magros ou mais inteligentes, ou mais talentosos.

E sempre achamos que a autodisciplina e o controle são o caminho certo a tomar. Pelo menos as nossas mentes acham. E esse pequeno monólogo aí em cima é o que tipicamente se passa na minha cabeça. Embora a essa altura, eu já devesse saber mais, é nisso que minha mente ainda se concentra. Ela adora a ideia de fazer algo, numa determinada hora, persistentemente todos os dias, até que alguma mudança extraordinária ocorra.

Assim, parte do Dane-se! nesse caso é que provavelmente essas coisas ainda vão continuar em sua cabeça *ad infinitum*. É bem possível que deitado numa cama de hospital, aos 87 anos, incapaz de se mover, rodeado de sacos para recolher sua urina e suas fezes, você ainda pense: "se ao menos eu pudesse me levantar e ir até a cantina uma vez por dia, acho que seria capaz de sair dessa. Poderia estar em forma até o Natal. E preciso parar de comer aquela torta de melaço e pedir salada de frutas em seu lugar. Dessa maneira, limparei os meus intestinos e eles voltarão a funcionar. E talvez eu peça ao Derek que me traga aqueles CDs de francês, seria bom aprender uma língua estrangeira. Ou talvez não. Talvez essa seja uma das boas coisas da idade. Talvez a gente aprenda então o que deveríamos ter aprendido muito mais cedo: não tem importância e não vale nada.

Por ora, no entanto, vamos presumir que sua mente vai fazer isso por um bom período de tempo. Portanto, diga Dane-se!, e deixe-a continuar com isso. Pense nisso como um cachorro brincando com uma bola num canto do seu jardim — deixe-o brincar. Se ele cagar nas suas begônias, então lhe passe um pito, caso contrário, deixe-o brincar.

Com o resto da sua mente, reflita o seguinte:

O problema do autocontrole e da disciplina é que geralmente não funciona tão bem assim (pelo menos, para a maioria... Se você esteve nas Forças Armadas, desconfio de que você é muito bom nisso e que funcionou muito bem para você — então, por que não pula este capítulo? Desculpe se o aborreci; por favor, não se ofenda, isto aqui é para seres humanos mais fracos, na verdade. Desculpe).

Não preciso lhe contar como isso funciona. Você deve estar bem familiarizado com os numerosos planos de exercícios, dietas e cursos noturnos abandonados.

Algumas pessoas até fazem negócios vantajosos com o fato de a disciplina e o autocontrole não funcionarem.

Sempre quis ver o projeto comercial de uma grande academia de ginástica (estou triste a este ponto). Adoraria saber que porcentagem de pessoas que se matriculam em janeiro, eles ainda esperam que estejam frequentando em junho. É uma ideia comercial fantástica. Você faz alguém assinar um plano mensal (e conseguir que autorizem um débito automático é a melhor maneira de fazer isso) num momento em que todo mundo está preocupado em escolher seus planos de aperfeiçoamento corporal para o ano. E, passado um mês, para 80% das pessoas, as atribulações da vida se sobrepuseram e dificilmente você as verá durante o resto do ano.

Simplesmente contrate alguns funcionários a mais em janeiro, alugue uns aparelhos a mais de remo, e pronto. Já pode continuar a arrancar os quatrocentos reais por mês de suas contas bancárias.

A beleza — a genialidade absoluta — desse negócio é que 80% das pessoas nem chegam à metade de fevereiro e já pensam: "Que droga! Faço isso todo ano... Começo com a melhor das intenções e depois de quatro semanas não volto mais ao lugar. Vou cancelar hoje a minha inscrição e nunca mais vou ser burro de voltar aqui novamente. Se tiver mesmo vontade de me exercitar, saio e faço uma caminhada".

Mas o que todos dizem é o seguinte: "Tenho que voltar para a academia a semana que vem, não vou lá há duas semanas. Não posso me esquecer. Não posso desistir. Basta ir até lá três vezes por semana e parar de comer... e blablablá".

Muito poucas pessoas querem parar de pagar os quatrocentos reais porque não querem admitir que fracassaram. Não querem admitir que não têm autocontrole nem disciplina. É uma maneira cara de se sentir um pouquinho melhor por não fazer exercícios. É como comprar uma mentira: "Faço parte de uma academia, então deve haver algo acontecendo lá". Eu preferiria comprar um distintivo de cinco reais, que pudesse usar sempre, com os dizeres: "Sabe, eu faço exercícios". Essa é uma maneira mais barata de comprar mentiras.

Fico feliz em dizer que — há cinco anos — eu disse Dane-se! às academias de ginástica. Aquele momento ainda está muito vívido em minha memória. Eu estava num daqueles aparelhos de fazer *step*. Fazia já algumas semanas que o utilizava, então estava ficando muito bom naquilo. A cada ida à academia eu melhorava o tempo e logo estaria subindo o equivalente ao monte Everest, em cada intervalo de almoço.

Então, repentinamente, como se tivesse havido uma sobrecarga na energia elétrica da academia que tivesse atravessado o aparelho de *step* e me atingido diretamente, olhei à minha volta e vi tudo com novos olhos. Tudo parecia ridículo: todo mundo lá dentro fingindo estar remando, correndo, escalando montanhas ou pegando toras de madeira. Todos assistindo à MTV, tentando apagar de suas mentes a realidade absurda do que estavam fazendo.

Pressionei o botão "PARAR".

E os dois pedais do aparelho de *step* desceram suavemente até o chão. Apanhei minha garrafa de água e caminhei calmamente até o vestiário. Tomei meu banho com prazer, totalmente consciente de que nunca mais poria meus pés num lugar tão ridículo.

E não pus mesmo.

A propósito, esse tópico não é patrocinado por nenhuma academia de ginástica. Apesar de ter mencionado a genialidade desse negócio, não endossei a sua causa. Mas realmente admiro seu plano comercial.

Qualquer tentativa que faça para se controlar... para se impor disciplina... pode criar alguma tensão. Geralmente cria uma pressão à qual você não consegue corresponder. E a decepção que você enfrenta quando não consegue corresponder às suas próprias expectativas é ainda mais fatigante do que a frequência com que você se desaponta.

Portanto, diga Dane-se! a isso tudo. Faça apenas o que quiser. Tente não estabelecer tarefas diárias para ficar mais em forma, mais magro ou mais inteligente (embora, nós todos ficaremos, evidentemente). Depois que você liberar a tensão destas expectativas autoimpostas, você se sentirá muito mais livre. E quando se sentir livre, você estará mais sintonizado com o que o seu corpo deseja e:

- Sentirá vontade de se exercitar quando estiver com mais energia.
- Sentirá vontade de se refestelar em frente à tevê quando não se sentir com energia.
- Sentirá vontade de comer alimentos saudáveis de vez em quando.
- Sentirá vontade de comer porcarias em outros momentos.
- Às vezes sentirá vontade de parar de comer quando estiver satisfeito.
- Outras vezes, comerá até se sentir enfastiado.

Assim é a vida. Renda-se a ela. O que é notável é que, quando você se rende ao fluxo natural da vida, provavelmente, fará mais exercícios do que quando estava matriculado na academia. E, em geral, comerá mais alimento saudável do que quando ia à nutricionista. É bem provável também que comerá porções menores do que quando estava fazendo alguma dieta ridícula.

É assim que eu vivo. Estou em melhor forma. Mantenho o mesmo peso. E continuo me atirando às coisas como uma criança. Funciona para mim. Mas não quero que você siga o que eu faço. Não lhe servirá para absolutamente nada.

Quero que você vá atrás da vida.

Diga Dane-se! para os planos e metas

Planos e metas. A meta é a irmã gêmea complementar do plano. O plano sonha com o que ele quer fazer; a meta, então, concentra-se realmente e estabelece prazos para atingir tais coisas. Eles formam uma equipe muito popular, e muitas pessoas gostam deles e usam os seus serviços.

Os planos e as metas são ótimos

Sempre fui do tipo que fazia planos e traçava metas para mim mesmo. Sempre fiz listas de coisas que precisava fazer e estabelecia metas para diferentes coisas na vida.

Quando você decide que quer alguma coisa, qualquer que seja, é bom elaborar um plano e estabelecer alguns limites de prazo para concretizá-los. Funciona bem.

O problema, para muitas pessoas, é que elas realmente não sabem o que querem. Têm desejos vagos: "fazer algo criativo" ou ganhar mais dinheiro "para serem livres". Mas elas realmente não conseguem precisar exatamente o que querem. Daí, vagueiam de uma coisa para outra, desfrutando de alguns momentos e odiando outros, mas nunca encontrando verdadeiramente a satisfação ou sucesso (seja lá o que isso signifique para elas).

Não saber exatamente o que você quer na vida é como ir a uma loja do tipo Pegue e Faça e ficar no meio de corredores enormes sem saber o que veio comprar. Anda de um lado para o outro, vai ao balcão de informações, e aguarda, até que alguém lhe pergunta: "Em que posso ajudar, senhor?", "E você lhe dirige o olhar inexpressivamente. E diz: hummm... eu estava procurando... hummm... esperava que... hummm... realmente não sei o que quero... você poderia me recomendar algo, por favor?".

Parece ridículo. Mas é exatamente assim que muita gente vive. E o que acontece em suas vidas é que a moça de trás do balcão não vai pegar os alto-falantes e anunciar: "Atenção, pessoal, temos aqui o senhor D. Esmiolado no balcão de informações; repito D. Esmiolado. Será que podemos ajudá-lo?". Não. A moça olha para ele com certa compaixão e diz: "Se eu fosse você, começaria com tinta e pincéis. Embeleze um pouco a sua casa, depois talvez possa voltar e comprar uma furadeira e algumas prateleiras".

Quando você não sabe realmente o que quer da vida, o mundo pode ser muito solidário e dar-lhe sugestões. Mas, com frequência, elas não têm muita relevância para o que você precisa, porque ninguém sabe o que quer (assim como você).

É por isso que é difícil ter uma vida bem-sucedida (seja lá o que isso signifique para você) quando você não sabe o que quer. Uma mensagem muito vaga é enviada ao mundo, e tudo o que você obtém de volta é algo vago ou inadequado.

A história é muito diferente quando você se dirige ao balcão de informações e tira a sua lista de compras: "Boa tarde, você poderia me ajudar a encontrar dois parafusos medianos de duas polegadas, a tubulação lateral, o setor de furadeiras elétricas e tinta verde?" (adivinhe só quem não vai muito à loja "Tudo para Reformas"? Então, por favor, paciência comigo). Partindo do pressuposto que essas coisas existem nessas grandes lojas, depois de lidar com o senhor **Sabe o que quer**, o vendedor fica feliz de levá-lo para pegar o que você precisa.

É assim que o mundo funciona. Quando você está focado no que quer, o mundo tende a ajudá-lo a conseguir. A Bíblia não diz: "Peça e receberás"? Portanto, partindo desse princípio, você vai começar uma fase boa se começar a fazer planos (e a ter metas).

Claro que a Bíblia também diz: "...e a cabra viverá com o homem e o homem será feliz", e quem precisa de cabras para ser feliz hoje em dia? Nos dias de hoje podemos todos ser felizes com as nossas cabras infláveis. São muito mais limpas e desde que não pastem perto dos arbustos com espinhos, você tem a garantia de uma relação sem problemas.

Portanto, não leve a sério tudo o que a Bíblia diz. E isso serve para o que eu digo, também. Esse é o caminho para a sabedoria.

Para ter uma vida bem-sucedida, uma boa ideia é resolver o que você quer. Depois elabore alguns planos. A seguir estabeleça algumas metas. Há muitos livros sobre essas coisas. Talvez seu primeiro plano deva ser comprar um desses livros. E a sua primeira meta poderia ser comprá-lo até este sábado e lê-lo até o próximo sábado.

Mas primeiro leia o que vem a seguir.

Planos e metas são um saco

Pelas mesmas razões pelas quais planos e metas são bons para a sua vida, eles são também um porre. Quando você faz um plano e estabelece uma meta, sua vida tende a se mover em direção a esse ponto. Você se torna concentrado naquilo que está tentando alcançar e a vida também faz o mesmo. O que acontece nessa tentativa global de atingir seu objetivo é que você exclui todas as outras possibilidades.

Imagine olhar em seu computador para uma fotografia da Trafalgar Square[14] apinhada de gente. É um dia ensolarado e todos parecem se divertir muito. Mas você, instantaneamente, começa a se concentrar num único detalhe: você usa a opção de ampliar e começa a focar apenas numa pessoa... um homem que está olhando um dos chafarizes. Ele parece perdido e alheio a tudo que ocorre à sua volta. E continua a ampliar até focar na mão direita dele. Ali você encontra uma tatuagem de um símbolo peculiar. Você olha fixamente para esse símbolo e conjetura qual seria o significado dele. Você imprime essa imagem ampliada e a cola na parede para refletir sobre ela.

Isso é o que fazemos quando estamos concentrados em algo. Por mais fascinante que seja a coisa em que nos concentramos, excluímos necessariamente todas as outras coisas. Você não se detêve a olhar o que as outras pessoas estavam fazendo naquele dia. Você não notou o reflexo da luz na água do chafariz. Não percebeu o show de levitação de cães (uma estreia mundial) e não viu sua mulher num abraço apaixonado com seu melhor amigo.

Cada momento tem um potencial infinito. Cada novo momento contém possibilidades que você nem consegue imaginar. Cada dia é uma página em branco que você pode preencher com os mais belos desenhos.

---

14   Praça no centro de Londres cujo nome homenageia a vitória da Marinha Real Britânica na Batalha de Trafalgar, uma das maiores batalhas que se travaram em mar aberto, na costa espanhola, a 21 de outubro de 1805, quando as esquadras aliadas da Espanha e da França do Imperador Napoleão Bonaparte sofreram a ofensiva da armada britânica sob o comando do Almirante Nélson (um dos maiores heróis nacionais da Inglaterra), morto em ação nesta batalha.

O problema com um plano é que você preenche a página em branco de um novo dia com uma lista de coisas "PARA FAZER" antes de chegar lá. E, se não tiver cuidado, não vai sobrar espaço para mais nada.

Um plano, especialmente um plano muito elaborado, restringe as possibilidades futuras a apenas duas coisas: ou as coisas correm de acordo com o planejado, ou não (e você se decepciona). Esta é a razão, é claro, pela qual muitos de nós fazemos planos: temos medo das possibilidades infinitas e preferimos viver com o que conhecemos e com o que nos sentimos seguros.

Mas, se você conseguir dizer Dane-se! a esse medo da possibilidade e da imprevisibilidade (leia o tópico "Diga Dane-se! para o medo", mais adiante), sua vida pode realmente desabrochar.

Vivemos nossas vidas arrastando para cada momento novo as mazelas do passado e nossas expectativas limitadas do futuro. Trazemos para o presente todos os nossos medos, nossos julgamentos, nossos problemas emocionais, nossos limites (os nossos e os dos outros) e planos feitos anteriormente.

Sem nenhuma dessas coisas, o momento está apenas propício e oportuno. Somos livres, em um mundo livre e abundante, que reage à nossa liberdade com dádivas e bênçãos inesperadas.

E, é claro, este tópico acaba de contradizer o anterior. Primeiro quero que você faça planos, até mesmo o encorajo a comprar um livro... depois lhe digo para abandonar os planos em troca de uma vida livre.

Confie em mim. Eu estou dirigindo, e sei para onde estamos indo. Portanto, não chie quando eu sugerir...

Vamos tentar tirar as mãos do volante

Agora é a hora da... história! — como se costumava dizer em alguns programas infantis... Lembra-se? Costumava-se dizer: "Agora é hora da..." — e entrava uma animação cheia de relógios de parede e de pulso — "...da história!".

Estamos de férias em Butlins, em Skegness... Eu tenho quatro anos. E estou no paraíso. Estou sentado num carro pequeno estilo anos 1930, numa pista, pronto para arrancar. Há momentos de minha vida que consigo relembrar com exatidão: o que estava pensando, o que estava sentindo. Esse é um deles.

Aí começa a corrida e lá vamos nós. Estou tão excitado... Eu estou dirigindo um carro. E estou agarrado ao volante pronto para mostrar minhas habilidades de motorista. Vem a primeira curva — fechada à direita — e eu cuidadosa e precisamente viro o volante para a direita. Vem a curva seguinte — desta vez à esquerda — então viro o volante para a esquerda.

Estou feliz, estou dirigindo! Pela minha avaliação estou fazendo um bom trabalho, já que esta é a minha primeira vez na estrada (pista). Mas daí uma ideia me vem à mente. A princípio é só um pensamento. Mas à medida que me aproximo da próxima curva — outra à direita — essa ideia cresce. E eu decido colocá-la à prova. Quando chega o momento de virar habilmente o volante para a direita, eu habilmente viro-o para a esquerda. Percebo o risco de voar sobre a sebe, e cair dentro do lago dos barcos, mas corro esse risco mesmo assim.

E o que acontece?

O carro faz corretamente a curva para a direita, é claro.

Fico pasmo. Estou tonto. E começo a virar o volante para a direita e para a esquerda em total frustração. Estou numa reta e o volante vira livremente em minhas mãos, sem que aconteça absolutamente nada. Sinto-me inacreditavelmente traído. Por que não confiam em mim? Não consigo entender.

Esse sentimento logo se repetiria com as descobertas de que Papai Noel não existia. E logo depois, de que Jesus Cristo era só um homem do passado, de barba e sandálias, inventado por homens do presente de barba e sandálias.

A vida é uma grande decepção. E para evitar que esse trauma aconteça aos meus filhos (de 4 anos), eles estão, nesse momento, andando de jipe na mata.

A maioria de nós andou num carro daqueles há trinta, quarenta ou .... anos (por favor, coloque no pontilhado sua idade subtraindo quatro ou cinco anos). E continuamos dando voltas e mais voltas na pista, virando diligentemente o volante a cada curva, acreditando estar no controle. E ainda não tentamos tirar as mãos do volante. E estamos tão cansados que estamos dormindo nas retas e nos sacudimos para acordar para as curvas. Continuamos a dirigir porque pensamos que temos que fazê-lo para impedir que o carro bata.

E agora é hora de experimentar tirar as mãos do volante. E logo descobrirá, como eu — quando criança — que o carro se governa sozinho. Só que você, que já está tão arrasado, não ficará nem um pouco decepcionado. Você ficará muito feliz.

É a hora de tirar as mãos do volante de sua vida. E, na verdade, você descobrirá que ela continua alegremente sem você fazer absolutamente nada. É hora de descansar, pôr os pés para cima, recostar-se e apreciar o passeio, só para variar.

Essa é uma coisa verdadeiramente notável. E você só a entenderá quando a fizer. Mas, no momento em que parar de tentar controlar e fazer com que as coisas aconteçam, tudo simplesmente acontece perfeitamente, sem você.

Na verdade, na superfície, pouco mudará. Você continuará (aparentemente) tomando decisões de fazer as coisas. Mas você terá a noção real de que as coisas simplesmente acontecem. No taoísmo isso se chama render-se ao fluxo natural do Tao. Nos desenhos do Scooby Doo, o Salsicha diria: "Vai, siga o fluxo, cara". A realidade é que não há escolha quanto ao que acontece. Parece que temos, mas não temos.

E essa é uma ótima notícia.

Significa que podemos nos recostar e deixar as coisas seguirem seu curso natural. Toda a tensão que existe em "eu tenho que conseguir isso e fazer aquilo com a minha vida", evapora. Porque a realidade é que, quer você queira ou não, as coisas vão acontecer (ou não).

Portanto, fazer planos e traçar objetivos é algo que você faz ou não. Na verdade você não tem escolha quanto a essa questão. Você pode acabar adquirindo o livro sobre o estabelecimento de metas e lê-lo até o próximo sábado. Ou não. Você não tem escolha. Apenas uma dessas duas coisas acontecerá. E vale a pena observar simplesmente o que acontece com a sua vida quando você tira as mãos do volante.

Eu tirei as minhas há algum tempo. E o livro que eu vinha tentando escrever há uns dois anos... o livro para o qual eu havia feito planos e traçado metas... bom, ele começou a se escrever sozinho.

Escrevo essas palavras porque não posso fazer mais nada. Na verdade, é apenas uma maneira de dizer por que não estou me esforçando para fazer nada, ou qualquer outra coisa. Vivo apenas. E as coisas estão acontecendo muito naturalmente. Inclusive escrever este livro. Estou gostando de escrevê-lo (até agora pelo menos) e espero que você esteja gostando de lê-lo. Às vezes faço planos e estabeleço metas, às vezes, não. Se não os cumpro, às vezes fico chateado. Às vezes não. Esse é o fluxo da vida. E não importa o que eu faça, ela fluirá da mesma forma.

Pode acreditar em mim.

Essa parte tem mais a ver com aquela parte da Bíblia que diz "Peça e receberás" do que "viva com as cabras e seja feliz".

No entanto, se houver cabras por aí e você acabar vivendo com elas, mais tarde você poderá se consolar de não ter tido escolha alguma nesse sentido.

Isso, meu amigo amante de cabras, é a vida.

Então, diga Dane-se! aos planos e metas. Se você os tem, ainda deve continuar a tê-los. Se não os tem, pode começar a fazê-los. Mas reconheça que as coisas são como são, independentemente do que você tente fazer com elas. Tire as suas mãos do volante e observe o que acontece. E, só para tornar a vida ainda mais interessante, piso fundo no acelerador.

Diga Dane-se! para o desejo de que o mundo seja um lugar melhor

É impossível fazer distinção entre pessoas espiritualizadas e pessoas que querem que o mundo seja um lugar melhor. É verdade que há muitas pessoas, que não são espiritualizadas, que também desejam que o mundo seja um lugar melhor. Mas não há muitas pessoas espiritualizadas que não estejam interessadas nisso. Portanto, todos nós estamos trabalhando para que o bem triunfe sobre o mal, para que a paz reine no mundo e para erradicar a fome e o terrorismo.

Mas você já notou uma coisa?

Não importa o quanto as pessoas se esforcem, o equilíbrio aparente entre "o bem" e "o mal", entre a "paz" e o seu oposto, o conflito e a guerra, sempre se mantém praticamente o mesmo. Sempre houve pessoas "boas". E sempre houve pessoas "más". Os efeitos das boas ações têm sido fenomenais. Assim como também os efeitos das más ações. Só que os efeitos das más ações são mais noticiados. Na verdade, só os efeitos das más ações tendem a ser notícia.

Consequentemente, temos a tendência de achar que o mundo é, em geral, mau, e que temos de torná-lo um lugar melhor.

E, apenas como um aparte nessa questão das notícias, há um jornal que se propõe a corrigir esse desequilíbrio das notícias: ele só dá boas notícias. Na verdade, chama-se **Positive News**. Ele faz o que diz o nome. Você nunca o leu? Se não, tente encontrar um exemplar. Está disponível em todos os bons vendedores **vegan**[15]. Leia-o. E veja se consegue ficar acordado. Irá correndo buscar o seu jornal habitual cheio de desgraças antes mesmo que consiga dizer "traficante de **crack** pedófilo envolvido em conspiração terrorista".

E não estou desrespeitando aqueles que rezam pela paz, combatem o mal, e tentam derrotar os maus elementos. E também não estou desrespeitando aqueles que rezam pela destruição, combatem o bem e tentam vencer os bons. Ambos continuarão a se atracar, com unhas e dentes, enquanto existirem seres humanos.

Às vezes, teremos a impressão de que os bons estão vencendo, outras vezes, os maus. No final das contas, o resultado será o mesmo: vão se equilibrar ao longo do tempo.

Portanto, o negócio é o seguinte: vamos reconhecer que o bem nunca derrotará o mal, ou vice-versa. Vamos aceitar as coisas como são... exatamente como elas estão neste exato momento. Vamos dizer "Dane-se!" a essa batalha. Não importa mesmo. As notícias são as mesmas todos os dias. Apenas com nomes diferentes. É entediante.

Por isso, sinta como é desistir do combate (qualquer que seja o lado em que está). Você não vai vencer. Você não vai fazer a diferença. Porque o resultado final é sempre um empate (o que é ótimo se você estiver envolvido com apostas). Desista do seu desejo de tornar o mundo um lugar melhor e dedique-se às apostas.

---

15   É a expressão que identifica um vegetariano convicto.

Como se sente? Mais uma vez, sente-se relaxado. Sente-se recostado. Perde o seu controle rígido sobre a vida. Perde a vontade de que as coisas sejam melhores do que na verdade são.

Resignar-se ao fato de que as coisas são como são é um verdadeiro alívio. É a explosão de dizer Dane-se!.

Como tudo o mais que faz, depois que você começa a dizer Dane-se!, o efeito é peculiar. Assim que desiste de querer que o mundo seja um lugar melhor, você pode perfeitamente começar a fazer algo que tenha realmente um efeito visível no mundo.

Parece besteira, não é? Mas como você deve estar começando a entender, tem jeito de ser verdade. Se não estiver começando a "entender", Dane-se! de qualquer forma.

Diga Dane-se! para as mudanças climáticas

Como você está lidando com o problema da mudança no clima? Um problema causado pelo excesso de pressão que pusemos nos sistemas deste planeta de 4,5 bilhões de anos, que está adoecendo mais rapidamente.

Meu palpite é que você esteja tendo uma das seguintes reações (como nós sempre tivemos): "lutar" ou "fugir". Nesse caso, em vez de ter de enfrentar ou fugir de tigres, lutar significa que você está tomando consciência da ameaça, refletindo sobre o que significa e o que podemos fazer pessoalmente em face dessa ameaça. "Fugir" é afastar-se do problema, negando que ele exista (e, a propósito, ele existe), desesperando-se, achando que não há nada que possamos fazer agora (e, na verdade, há), "fazendo a nossa parte" e depois seguirmos em frente.

Ainda que a opção "fugir" pareça absurda, a maior parte das pessoas ainda está nessa fase.

É realmente muito difícil nos tornarmos conscientes do problema das mudanças climáticas. Uma das dificuldades é que a maioria de nós não consegue compreender completamente o que está acontecendo. E não consegue ver como isso vai nos afetar diretamente (exceto por alguns verões adoravelmente quentes).

Somos como aquela rã — que quando foi colocada em água fervendo, saltou para fora do caldeirão. Mas quando foi colocada em água morna, que foi lentamente fervida, ficou ali e ferveu até a morte.

Bom, a água está começando a ferver.

Então o que vamos fazer? Diga Dane-se! às mudanças climáticas, evidentemente. E nesse contexto, Dane-se! significa relaxar. Afinal de contas é o pânico que nos coloca no modo "fuga". Portanto, relaxe. Respire profundamente (mesmo que o ar a sua volta esteja poluído). Relaxe e então decida ter coragem para enfrentar essa situação. Enfrentá-la todos os dias.

Reflita profundamente sobre o que está acontecendo e qual pode ser o seu papel para lidar com essas mudanças climáticas.

Ao enfrentar o problema, não se sinta obrigado a fazer absolutamente nada. A sensação de obrigação é como deixar a janela aberta e permitir que aquela maldita tensão volte. Não me deixe lhe dizer o que fazer. Não deixe ninguém pressioná-lo quanto a fazer algo. Não se sinta culpado pelo que fez ou não fez... ou o que nós, enquanto espécie humana, fizemos ou não fizemos.

Diga Dane-se! e comece hoje de novo: relaxando, sem pressões, sem culpa — e então AJA. Aja em grande estilo. Aja discretamente. Mas aja.

Se essa coisa toda ainda lhe der desespero e colocá-lo no modo "fuga", pense o seguinte: e nesta altura da história da humanidade em que temos tecnologia capaz de explodir uns aos outros em pedacinhos (e levar o resto do mundo junto), esta pode ser a única coisa a nos unir. A reação natural à nossa industrialização (sob a forma de desastres naturais) pode ser tão devastadora que não nos reste outra opção que a de colocar de lado as nossas diferenças e enfrentarmos juntos o problema. Provavelmente compreenderemos que estamos ligados uns aos outros, assim como estamos ligados a este planeta e aos seus sistemas.

No momento imediatamente anterior ao de nos afundarmos, provavelmente compreenderemos que somos todos um, que tudo é um — exatamente como todos os gurus e mestres vêm nos dizendo há tanto tempo. É irônico, realmente, já que foi a percepção da separação (uns dos outros e da natureza) que, a princípio, nos trouxe até aqui.

Portanto, por favor, agarre a mão da pessoa ao seu lado, grite Dane-se!, e finalmente faça algo pela nossa Terra doente.

Diga Dane-se! para as questões pessoais

Tive uma educação muito inglesa. Inglesa e cristã, ainda por cima.

Portanto, fomos sempre uma família feliz, sem problemas, conflitos ou problemas pessoais. Pelo menos isso é o que gostávamos de pensar.

Sob a superfície, é claro, borbulhava toda a gama de emoções e vivências humanas: infelicidade, ansiedade, ciúme, desejo, dor, desgosto, mágoa, medo, etc. Mas não havia espaço dentro da família para nenhum desses aspectos "sombrios". Tínhamos que ser felizes e contentes, bons exemplos de vida cristã. Isso não quer dizer que não éramos felizes, contentes, alegres e afetuosos. Éramos. Mas não **éramos** apenas isso.

Percebi isso à medida que crescia. Sabia que as coisas não estavam bem. Que não havia espaço para o meu eu "total", apenas para parte de mim.

Na idade adulta, refleti sobre o que acontecia nessa dinâmica. E cheguei à seguinte conclusão:

É um impulso humano muito natural buscar o prazer e evitar a dor. Na verdade, é muito saudável acentuar o positivo e minimizar o negativo. O problema ocorre quando a dor já está dentro de nós. Quando o "negativo" já está nas nossas células. Por mais que evitemos a dor, ela não vai embora. Na realidade, quanto mais a ignoramos mais ela tenta ser ouvida. O que parece acontecer é que aquela dor tenta, de várias maneiras, nos avisar que precisa ser ouvida. E uma dessas maneiras é através da doença.

No universo da cura holística, toda doença tem uma origem emocional. Então é preciso haver uma cura da origem emocional da doença antes que ocorra a cura física. No universo da terapia e da cura, reconhece-se que é preciso primeiro olhar internamente para a dor para podermos seguir em frente.

O impulso para empreender essa jornada geralmente só surge quando o sofrimento interno se tornou insuportável. Ou a doença se tornou dolorosa demais.

Nesse sentido a vida é bela. O impulso natural para evitar a dor é contrabalançado por uma dor que não pode ser ignorada. E você inicia a sua jornada para a cura da dor.

Há muito tempo que estou envolvido nesse mundo de terapia e da cura, e muitas curas realmente aconteceram. Mas o que observo é que a própria jornada para a cura pode se tornar um vício. Depois de ter juntado coragem para lidar com a dor, e enfrentado os diferentes níveis de sofrimento dentro de você, o processo de purificação da dor pode se tornar constante:

- Submetemo-nos a processos de terapia emocional para examinar dores passadas, para tentar curá-las.

- Submetemo-nos a processos de terapias físicas para tentar limpar o corpo de toxinas e dores.
- Submetemo-nos a processos de terapia energética para tentar limpar o sistema de energia de nosso corpo e eliminar bloqueios.

E é fácil começar a ficar obcecado com o que temos de limpar. Então:

- Ficamos obcecados com os traumas com os quais ainda não lidamos.
- Ficamos obcecados com as dores e desconfortos que ainda sentimos.
- Ficamos obcecados com nossos sistemas energéticos obstruídos.

Se desejamos entrar numa "jornada" de cura, o mundo nos oferecerá inúmeras maneiras de nos manter ocupados. Adicionados a outros conceitos como:

- Limpeza do carma por vidas passadas.
- Libertação da intrusão espiritual do seu corpo.
- Alcance da imortalidade.

E você está pronto para uma jornada do cão. Podendo durar não apenas uma vida, mas muitas vidas. (E é nisto que algumas pessoas realmente acreditam.) Caramba, quanto esforço! Que tédio!

Veja. O mundo responde a qualquer desejo que você tenha. Se desejamos.

Só para falar de um nível muito simples — seus traumas relacionados com a infância — você poderia ficar tentando curá-los para sempre (e muita gente cobra um bocado de dinheiro para "ajudá-lo" a fazer isso).

Pois é, meus amigos, é hora de dizer Dane-se! aos seus problemas pessoais. Diga Dane-se! à jornada da cura e da integralidade.

Eu estive nessa jornada e descobri que ela estava se prolongando muito. Que sob cada questão e cada dor havia outra. Depois outra. Depois mais outra. Há um poço sem fundo de sofrimento, se você quiser pular dentro dele.

Portanto, até agora, temos dois paradigmas, duas maneiras de ver a vida e nossa jornada através dela:

1. Concentrar-se no prazer e ignorar a dor, a qualquer custo.

2. Concentrar-se na dor e esquecer completamente o prazer.

É claro que há outra maneira. Uma maneira em que aceitamos que a vida é uma dança de prazer e dor. Se você ignora a dor, ela não irá embora. Se você tentar curá-la, encontrará ainda mais sofrimento. Porque o sofrimento faz parte da vida. E a vida é prazer e dor na mesma medida.

E uma coisa curiosa pode acontecer. Ao aceitar esse fato, você pode parar de dar nome a essas coisas, também. Quando você desiste de sua obsessão de se agarrar ao prazer (paradigma 1), ou fixar-se na dor (paradigma 2), você passa simplesmente a viver e experimentar. Você pode parar de buscar uma coisa e fugir da outra. Você pode simplesmente ser. Você reconhece que a vida é... apenas vida.

E conheço uma música que fala sobre isso. Cantem todos juntos:

Lá, lá, lá... Vida é Vida... Lá, lá, lá... vida é vida...
Blablablá...

Lá, lá, lá... Lá, lá, lá... Vida é vida. Lá, lá, lá... Vida é vida... Blablablá.

Sim, estou numa praia, numa ilha grega. Estou de ressaca e começando a ficar vermelho.

Tive uma educação inglesa e sou inglês.

Vida é vida.

Diga Dane-se! para o que os outros pensam a seu respeito

Por que nos importamos com o que os outros pensam de nós

Alguns de nós se importam muito com o que os outros pensam a nosso respeito. E parece um impulso muito básico já que crescemos em busca de aprovação. Vejo isso nos meus filhos: adoram que a gente os observe fazendo coisas, que a gente ria quando fazem coisas engraçadas, que os cumprimentem quando fazem algo especial. Se damos às crianças a atenção e a aprovação que elas buscam, elas tendem a desenvolver um sentimento de autoestima e valor próprio. Em outras palavras, quando o mundo externo satisfaz sua necessidade de aprovação, elas desenvolvem um sentimento de autoaprovação.

E parece que, à medida que crescemos, nos definimos pelo nível de autoaprovação que temos. Se nossa necessidade precoce de aprovação não foi satisfeita e portanto temos baixo nível de autoaprovação (por favor, fique à vontade para trocar pela palavra "autoestima") então é provável que continuemos a buscar essa aprovação no mundo externo.

Se um ambiente afetuoso na infância criou altos níveis de autoaprovação, então é menos provável que busquemos constantemente a aprovação de outras pessoas, quando nos tornamos adultos.

É claro que a maioria de nós está entre esses dois extremos. Não somos fanáticos buscadores de atenção, mas somos sensíveis à maneira como nos veem.

Outro aparte aqui é que também não tenho nenhuma opinião particular a esse respeito. Esse assunto sempre me fascinou. Especialmente com relação ao sucesso. As pessoas com baixa autoestima poderiam ser impulsionadas a níveis altos de sucesso por causa de uma necessidade exagerada de aprovação externa, que provavelmente não tiveram quando crianças. Imagine aquela super-hiper-mega estrela de cinema ou *pop star* que parece ter uma energia infindável para novos papéis e para novas maneiras de entusiasmar uma plateia internacional cada vez mais numerosa. Pense em alguém como a Marilyn Monroe. Ela teve o mundo a seus pés. Ela teve até o presidente da superpotência mundial a seus pés (bom, talvez não a seus pés), e, no entanto, é famosa pela sua insegurança, pelas dúvidas em relação a si mesma e pela ausência de autoaprovação.

No caminho inverso, teríamos um adulto jovem com alto nível de autoaprovação ao qual pode faltar o impulso para "realizar" algo... contente em ir avançando aos trancos e barrancos, aproveitando a vida.

Portanto, nos importamos com o que os outros pensam de nós, em primeiro lugar, porque queremos sua aprovação, principalmente quando carecemos de nossa própria aprovação.

Além disso, ensinaram-nos que o que os outros pensam de nós é importante. Nos ensinam que para ter sucesso na vida em sociedade, devemos respeitar os outros, não devemos perturbar ninguém, devemos ajudar as pessoas e fazer o que nos mandam (para usar um exemplo de algo que nos ensinam logo cedo na vida).

Aprendemos também que é importante o que os outros pensam da gente, porque é assim que todo mundo é. Provavelmente era assim que seus pais, seus professores e seus amigos eram.

Outra razão pela qual nos importamos com o que os outros pensam de nós é que em geral não sabemos o que queremos realmente. Se uma pessoa tem planos e objetivos muito claros — por exemplo, marcar um gol pela Inglaterra —, ela tende a tentar atingir esse objetivo custe o que custar. Por saber o que quer e estar confiante em consegui-lo, ela tem força para fugir das críticas que lhe apareçam pelo caminho do tipo: "você tem que gastar mais tempo fazendo a lição de casa; deve pensar em arrumar um emprego adequado; você é um esbanjador"..., etc. Quando sabemos o que queremos, o que as pessoas pensam a nosso respeito torna-se menos importante na busca de nosso objetivo.

O lado perigoso de se preocupar com o que os outros pensam de você

Importar-se com a opinião alheia funciona para algumas pessoas. Para outras restringe e limita a vida. Se você estiver rodeado de pessoas conservadoras e cautelosas — e se importar com o que elas pensam — é pouco provável que você ultrapasse os limites cautelosos e conservadores que elas colocam em suas vidas. Não importa o que você sinta — não importa o que você deseje — sentirá um medo terrível só de pensar em fazer coisas que aborreçam essas pessoas:

- É assim que homossexuais acabam em casamentos heterossexuais.
- É assim que cantores talentosos acabam virando contadores.
- É assim que comediantes acabam virando advogados.
- É assim que advogados acabam como empregados de bar.

Todos nós temos um enorme potencial. E o risco de se importar com o que pensem de nós é acabarmos indo fazer só as coisas seguras que essas pessoas querem que façamos. Todo mundo impõe seus próprios medos e arrependimentos aos outros: quando uma pessoa limita a si mesma, ela com certeza limitará outras pessoas (normalmente, num estilo bem moralista) para tentar compensar a dor profunda que sentem por não ter feito o que deveriam.

O que nos leva ao ponto seguinte:

As outras pessoas nunca estão levando as coisas para o lado pessoal

Quando você se importa com o que os outros pensam de você, você tende a levar tudo para o lado pessoal. É possível desenvolver uma visão um tanto distorcida do mundo quando se importa com o que as outras pessoas pensam. Você anseia por aprovação e quando a obtém fica feliz. Quando você é a alma da festa, ou o centro das atenções, fica supercontente.

Mas qualquer coisa, que não seja exclusivamente aprovação, tira-o do prumo. Se alguém se esquece de lhe dizer "Bom dia", você se pergunta o porquê. Se não for elogiado pelo novo relatório, você fica pra baixo (não de uma maneira extravagante, e sim de uma maneira deprimida). Se aquela pessoa atraente não olha pra você, começa a achar-se feio. Uma vendedora é grosseira e insolente e você fica furioso. Um carro corta a sua frente na estrada, você o persegue, com vontade de matar o motorista.

Sua visão um tanto paranoica do mundo — onde interpreta tudo pelo lado pessoal — pode tornar-se ridiculamente exagerada. Conheço pessoas cuja vida inteira gira em função de retaliar contra pessoas grosseiras e ignorantes (estranhos) que estão à sua volta.

Portanto, pode ser que a pessoa que não lhe dá "Bom dia" esteja levando para o lado pessoal: talvez ela não goste de você. Mas é muito improvável que a pessoa que lhe cortou a frente na estrada tenha escolhido dar-lhe um tratamento rude porque não gosta da expressão de seu rosto (ou da traseira de seu carro).

Mas a verdade é a seguinte: até mesmo aqueles que de alguma forma pareçam estar levando as coisas para o lado pessoal, não estão.

Vejamos um exemplo. Cheryl é uma apresentadora de um canal local de notícias. Ela apresenta o jornal com Keith, que é dez anos mais velho. Um dia, Keith senta-se com Cheryl para expor-lhe algumas "verdades" e o faz de maneira pessoal: "Olha, Cheryl, é difícil lhe dizer isso, mas acho que preciso dizer, e talvez a ajude, no final das contas. O negócio é que eu tenho visto o modo como você se comporta com os outros homens no estúdio. Sem querer ser grosseiro, parece que você está querendo fazer carreira por intermédio deles. Não que haja algo errado nisso, é claro, é que não parece certo. Não é profissional. E para chegar ao topo dessa profissão, você precisa ser profissional. Então, Cheryl, eu me conteria um pouco. Mantenha a compostura, contenha-se um pouco e tudo vai dar certo".

A realidade é que Cheryl é solteira e simplesmente saiu com dois rapazes do estúdio. Nunca teve na verdade um companheiro por muito tempo e a ideia de que alguém poderia considerá-la "uma qualquer" a assusta.

Portanto o que Keith disse calou fundo. Foi ofensivo e ela o sentiu de modo profundamente pessoal. Ela está muito transtornada e passa muito tempo chorando.

Eis uma tradução do que Keith realmente disse: "Olha Cheryl, é difícil dizer isto, mas acho que preciso dizer e talvez a ajude no final das contas. (Olha Cheryl, eu gostaria de dizer algo que realmente preciso dizer, mas tenho medo do que vai pensar de mim.) O negócio é o seguinte: tenho visto o modo como se comporta com os outros homens do estúdio (e está me deixando louco de ciúmes). Sem querer ser grosseiro, parece que você está tentando fazer carreira por meio deles. (Por que diabos não pensou em mim? Sou eu que amo você.) Não que haja algo de errado com isso, é claro (está errado, odeio isso, porque quero que você seja minha) é que não me parece certo (está me deixando louco.) Não é profissional. (Tenho que pensar em algo para lhe afastar desses homens.) E para chegar ao topo dessa profissão, você precisa ser profissional (embora se me quiser, eu a ajudarei a chegar lá de qualquer modo). Portanto Cheryl, eu me conteria um pouco (com eles, e repare em mim... em MIM). Mantenha a linha (você é tão linda, Cheryl), contenha-se e tudo dará certo (abrace-me e tudo dará certo. Eu amo você)."

O que tanto aborreceu Cheryl era, na verdade, uma serenata. Todas as palavras negativas vieram dos medos, inseguranças e julgamentos de Keith.

E quando alguém está agindo de maneira pessoal com você, geralmente está extravasando suas próprias emoções negativas. Pode ser que você esteja espelhando o lado sombrio dessa pessoa: o lado que ela não consegue admitir para si própria. Ou talvez ela tenha ciúme de você por alguma razão. Ou talvez esteja de mau humor e queira descarregar em alguém. O fato é que toda vez que alguém age dessa maneira ofensiva com você, geralmente tem mais a ver com a própria pessoa do que com você.

Por isso não vale a pena levar as coisas para o lado pessoal, porque é improvável que tenha a ver com você. Claro que se você pesar 120 quilos e se sentar em cima do vizinho só para fazer graça e ele começar a sufocar e gaguejar: "Sai de cima de mim, seu gordo filho da mãe, você vai me matar, seu gordo imbecil", isso é pessoal, é com você e ele tem razão. E se fosse eu, sairia de cima dele, iria para casa e procuraria me sentir melhor comendo um pote de sorvete, assistindo ao **Flashdance**.

Você não pode agradar a todo mundo

Se a provação dos outros for muito importante para você, você vai estar invariavelmente encrencado: não conseguirá agradar todas as pessoas o tempo todo.

É um fato. Por mais que faça o impossível para agradá-las, sempre as decepcionará, aborrecerá e as irritará de vez em quando.

E a razão disso é porque as pessoas são diferentes. Cada pessoa tem um Código Genético Gerado por Sexo (CGGS) único. A maioria das pessoas é gerada por meio de uma relação sexual natural, mas cada pessoa é gerada de um jeito diferente. O que significa que — mesmo com uma só pessoa — por mais que tente agradá-la, vai colidir com um ou dois dos seus atributos gerados e vai ser trucidada por isso.

O fato é que — mesmo que queira realmente — não conseguirá manter tantas pessoas felizes por tanto tempo. E isso porque as pessoas não são assim tão boas em ser felizes. E não ficam assim tão felizes só por "aprovar" outras pessoas. Elas preferem encontrar coisas em você que as irritam... coisas em você que consideram inferior às delas... isso as fará sentir-se (temporariamente) um pouquinho melhor.

Mas — se você se importa com o que os outros pensam — isso o faz se sentir péssimo.

Você quer deixar todos infelizes?

Se suas primeiras tentativas para obter aprovação de seus pais e das pessoas ao seu redor fracassou por muito tempo, é provável que tenha ficado terrivelmente aborrecido. E isso tende a se refletir no mundo quando se é adolescente.

Você gastou tanto tempo querendo que as pessoas gostassem de você — sem que ninguém lhe dissesse algo de bom — que você resolveu contra-atacar. Este é você dizendo ao mundo: "Está bem, eu quis sua atenção. E se vocês não vão me dar atenção pelas coisas boas que fiz, então vão certamente dá-la agora. Não conseguirão me ignorar, seus filhos da mãe. Porque a bomba agora vai explodir".

É aí que tudo para de funcionar. É quando meninos e meninas, homens e mulheres, causam destruição e acabam por atingir seu objetivo: chamar a atenção.

E acabam deixando todos assustados e infelizes. Estão implorando por amor... só que as coisas ficaram um tanto atrapalhadas ao longo do caminho.

Assim, quando falo para se importar menos com o que as pessoas pensam de você, não estou querendo dizer para adotar um cabelo estilo moicano pintado de verde, nem para pichar "Na polícia só tem ladrão e viado" no carro de seu pai ou pôr fogo no saguão da igreja.

Dizer Dane-se! vai realmente desagradar as pessoas

Vale a pena pensar no quanto você se importa com o que os outros pensam de você, pois, no mínimo, quando começar a dizer Dane-se! a várias coisas na vida, você vai realmente irritar as pessoas. E é bom estar preparado para isso.

Antes de começar a ler este livro, você estava envolvido numa conspiração de significados com todos ao seu redor. Você e as pessoas à sua volta atribuíam os significados relativamente usuais a várias coisas na vida: vocês compartilharam experiências que consideravam importantes. Você também se ajusta perfeitamente ao seu lugar no mundo: seus pais esperam que seja uma coisa e esperam determinados comportamentos (relacionados com a maneira como você vê significados diferentes); o mesmo acontece com seus amigos, colegas de trabalho, seu chefe e com o resto do mundo também, inclusive o governo (que continua a esperar que uma pessoa como você considere importante pagar os impostos, por exemplo).

No momento em que o seu mundo de significados começa a mudar um pouco, você começa a perturbar esse equilíbrio. O momento em que começa a libertar-se de seus apegos e significados normais dizendo Dane-se! às coisas, é o momento em que as pessoas começarão a ficar irritadas com você.

Isso acontece porque, no fundo, todos ao seu redor sabem que aquela miríade de significados são a causa de todos os problemas deles. Não há problema em ficar com essa dor quando todos também a estão sentindo. Mas assim que você mostra que há outras possibilidades, eles ficam com muita inveja. Algo no íntimo deles perceberá a liberdade que sempre ansiaram e desejaram. Só que eles não virão educadamente bater à sua porta ou à sua mesa de trabalho e perguntarão se você faria a gentileza de compartilhar qualquer sabedoria que tenha adquirido. Reagirão repentina e inesperadamente, criticando-o e achando-o terrível.

Isso acontece porque qualquer pessoa que mostre quaisquer sinais de verdadeira liberdade, os relembrará da prisão em que vivem. E as prisões, especialmente hoje em dia, são lugares dos quais é muito difícil de sair.

Digamos que você tenha examinado os seus sentimentos e questionamentos a respeito da morte e que a morte agora tenha um peso menor para você. De várias maneiras você disse Dane-se! à morte. Morte agora significa menos para você. Quando alguém próximo a você morre, você sente tristeza de não poder estar com essa pessoa. Você se lembra dos bons momentos que passaram juntos. Mas tudo isso dura um período relativamente curto. E logo você retorna à vida normal. Aqueles ao seu redor, e a sua família, podem considerar seu comportamento estranho e insensível. Você não se envolve com o drama da morte. Você não preencheu a quota esperada de demonstração de pesar. E as pessoas o criticam por isso.

O medo da morte cria uma expectativa de reação. Se você não preencher essa expectativa será criticado. Por fim, as pessoas tomam pelo lado pessoal: "Bom, você parece não se importar realmente com essa pessoa; é assim que você se sente em relação a mim? Depois que eu morrer vai me esquecer assim tão rapidamente?".

Quando o poder de um mundo cheio de significado começa a diminuir para nós, desafiamos todos aqueles cujo mundo é ainda tão cheio de significados. Por isso, quando as pessoas começarem a reagir à sua maneira de ser, sorria e diga baixinho Dane-se!.

É hora de dizer Dane-se! ao que as pessoas pensam de você.

A aprovação é como tudo o mais na vida: pode causar dor se tiver muito significado para você, se você for muito dependente dela.

Isso não quer dizer que se as pessoas se prostrarem a seus pés e lhe disserem que você é maravilhoso, você não deva ter prazer nisso. Mas se você acreditar que não será feliz se cada cidadão desse planeta não o adorar, então você terá grandes dificuldades.

Portanto, comece a dizer Dane-se! ao que pensam de você. Se acha que não consegue, faça esse pequeno exercício:

Diga em voz alta (ou escreva) o que acha que as pessoas pensam de você, e acrescente um grande Dane-se!:

- Tia Mabel acha que roubo suas balas. Dane-se!
- O João acha que estou paquerando a irmã dele. Dane-se!

- O Sr. Saldanha acha que sou preguiçoso. Dane-se!
- Deus pensa que sou um pecador incorrigível. Dane-se!

Realmente não importa o que pensem de você. Assim como nada importa de fato.

- Aprecie seguir seu próprio caminho.
- Aprecie fazer zigue quando as outras pessoas fazem zague.
- Aprecie fazer algo em público que normalmente não faria. (A propósito, este não é um convite para tirar a roupa, hein!)
- Aprecie dizer a verdade, só para variar, em vez de tentar agradar a outra pessoa.
- Aprecie chegar ao trabalho atrasado, se você é sempre pontual.
- Aprecie ser rude com alguém que o irrite.

É hora de se importar menos com o que os outros pensam a seu respeito. É hora de dizer Dane-se! e sentir o que é ser livre.

Diga Dane-se! para o medo

Medo e Amor

Há duas forças aparentemente opostas que governam nossas vidas. Não é o bem e o mal. Amor e medo.

É isso mesmo: o oposto de amor não é o ódio, mas sim o medo.

Temos a tendência de funcionar num desses dois modos.

Ou abraçamos e amamos a vida — isto é chamado **libido**. E eu gosto dessa palavra. Principalmente porque a maioria das pessoas acha que se trata da intensidade de seu impulso sexual. Então quando você diz: "Sim, eu tenho uma libido intensa", elas acham que você pode ser um viciado em sexo e que deveria ser trancafiado num quarto escuro junto com o Michael Douglas. Mas a libido é simplesmente o amor pela vida. Se você tem uma libido elevada, você tem simplesmente um grande amor — ou ainda, um enorme tesão — pela vida.

E **Tesão pela Vida** [*Lust for Life*] — além de ser uma bela canção do Iggy Pop — é também algo fantástico de se ter. Quando vamos para a vida com amor, estamos completamente receptivos.

O modo oposto é quando estamos com medo (em vez de apaixonados). No medo, nos fechamos para a vida. Queremos nos recolher e nos escudarmos contra as experiências.

A maior parte de nós está constantemente se movendo entre esses dois polos. É parecido com o jogo de "escadas e cobras". Subimos as escadas do amor, sugando a vida. Depois nos deparamos com cobras assustadoras escorregamos por elas abaixo e nos retiramos da vida. É uma boa analogia, porque se há uma coisa de que a maioria de nós tem medo pra caramba é de cobras. O que me leva naturalmente ao próximo ponto.

É racional ter medo de algumas coisas

Há coisas na vida de que é compreensível ter medo. Medo de aranhas e de cobras é perfeitamente natural, já que — dependendo do lugar do mundo em que esteja — ambas podem ser muito perigosas. Se você tiver um medo inato de cobras, quando você vir uma, sua adrenalina começará a jorrar e prepará-lo para reagir rápida e adequadamente.

Algumas pessoas têm "medo" de sangue. Novamente é muito natural porque se alguma vez já vimos sangue arterial vermelho vivo significa que a situação era muito séria.

O problema com esses "medos" muito naturais é que eles podem sair do controle. A visão do sangue pode causar-lhe um desmaio em vez de levá-lo a agir rapidamente para estancá-lo.

Prefiro a ideia de estar atento aos perigos em vez de ficar apavorado. E isso é o que significa, de fato, ter cuidado... Estar atento. É importante estar ciente do quanto é perigoso dirigir um carro. É útil estar ciente de que atravessar uma rua movimentada implica em riscos, mas não ter medo de atravessar ruas. É prudente estar ciente de que esquiar ladeira abaixo em uma nevasca apresenta riscos potenciais, mas não ter medo de esquiar.

Num grau muito natural, ficamos com medo de coisas que têm o potencial de nos causar dor, e até morte: e essa é a origem dos nossos medos.

A origem do medo

O *medo* em nós não é apenas um dado isolado. É um punhado de coisas que foram se acumulando em nossa vida. E o medo se desenvolve a partir da experiência da dor. Quando vivenciamos a dor, nós — muito naturalmente — não gostamos e não queremos repetir aquela experiência. Assim, a experiência da dor se transforma em medo.

Por exemplo, podemos estar muito felizes cortando cenouras todo dia com nossa faca afiada predileta. Até o dia em que decepamos a extremidade de um dos dedos. A dor cria o medo de usar facas afiadas. Acabamos de adicionar mais um medo ao nosso punhado de medos.

Você pode estar muito feliz falando em reuniões de trabalho. Até o dia em que você não se sente muito bem e — no meio de uma argumentação brilhante, você perde o fio da meada. Tropeça e cai. Não tem ideia do que estava dizendo. E pede desculpas e se atrapalha até parar. É incrivelmente embaraçoso. E a dor permanece pelo dia todo. Vem a próxima reunião importante e você percebe que está com medo de falar. Mais uma bola amarrotada de medo para se juntar àquele punhado anterior.

O problema com a vida — como agora sabemos — é que qualquer coisa que tenha algum significado para nós tem o potencial de causar dor. Portanto, é possível desenvolver medos por qualquer coisa e por tudo. Algumas pessoas têm medo de se apaixonar em decorrência do sofrimento que experimentaram anteriormente no amor. As pessoas têm medo de fazer o que querem porque anteriormente fracassaram. Algumas pessoas têm medo de sair de casa por causa de alguma dor que vivenciaram fora de casa.

Não vamos nos esquecer que esse é um processo natural. Até mesmo a expansão aparentemente extrema do saco de medos é absolutamente natural. Baseia-se num princípio comum a todos nós: sentir dor e daí ficar com medo.

É por essa razão que a idade traz consigo uma noção intensificada do medo. O tempo para algumas pessoas oferece simplesmente mais oportunidades de vivenciar a dor e desenvolver o medo. Essa é uma das razões pelas quais as pessoas mais velhas podem ser muito medrosas e tímidas.

No entanto, todos nós conhecemos pessoas que parecem absolutamente intrépidas. São aventureiras, confiantes e estão por aí no mundo adorando suas vidas. Todavia, é possível que tenham vivenciado tanta dor quanto qualquer outra pessoa: de fato, provavelmente vivenciaram *mais* dor, por terem descido aquela ladeira negra embaixo de uma tempestade de neve ou terem ultrapassado numa curva.

E é isso — penso eu — que acontece. Nosso quociente de medo depende não da quantidade de dor com que nos deparamos, mas de como *reagimos* a ela. Vamos voltar ao início. Ao nosso nascimento. Só para reforçar a ideia de que a vida é feita de prazer e dor, nosso nascimento é doloroso (e prazeroso). Nossa primeira experiência fora do útero é de dor. É difícil respirar pela primeira vez. Não há líquido ao redor como estávamos acostumados. Provavelmente há muita claridade. E provavelmente não é tão quente quanto gostaríamos.

Mas não é a dor do nascimento em si que nos deixará uma impressão duradoura, e sim o **ambiente** no qual ela é vivida. O mesmo grau de dor real terá um efeito diferente dependendo de como as pessoas na sala irão reagir. Se você nascer num lugar cheio de pessoas medrosas e apavoradas, o efeito será bem diferente de se você nascer num ambiente de pessoas calmas e amorosas.

Esse é o modo como nos ensinam a interpretar a dor logo cedo na vida. Quando vivenciamos a dor, a maneira como as pessoas à nossa volta reagem a ela nos ensina a reagir de modo semelhante. Se quando crianças estávamos doentes e aqueles à nossa volta sentiram-se ansiosos e medrosos, então aprenderemos que essa é a maneira de reagir a essa dor. Se quando crianças nos cortarmos ou nos queimarmos e um adulto fizer disso uma tragédia, aprenderemos que essa é a maneira de reagir a essa dor.

Essa é a forma como "aprendemos" a reagir à dor. É a nossa herança. A reação dos nossos pais foi, provavelmente, "ensinada" a eles pelos pais deles e assim eles a passaram para nós.

Tudo se resume ao seguinte: ou aprendemos que era aceitável e seguro sentir dor, ou que não era.

É seguro sentir dor

A maior parte de nós aprendeu que não era bom nem seguro sentir dor. E é isso que gera a crescente quantidade de medo com a qual vivemos.

Portanto, é hora de começar a olhar como você se sente em relação à dor. Você provavelmente perceberá que entra um pouco (ou muito) em pânico com qualquer dor. Quer seja cortar o dedo, pegar gripe, ouvir algo que não queria ou receber más notícias pelo telefone, você provavelmente notará que entra em pânico.

Por isso a primeira coisa a dizer a si mesmo é que não há nenhuma razão para o pânico. Já utilizei o jogo das afirmações anteriormente e elas podem ser muito poderosas. Esta era uma das minhas favoritas: "Estou seguro, não importa como me sinta".

É maravilhoso. Porque é uma afirmação que se autoanula. Você, claramente, **não está** se sentindo seguro, mas diz a si mesmo que está, mesmo que sinta que não está seguro.

Vale a pena tentar.

Uma vez que nossa reação à dor é o âmago do nosso medo, esse tópico podia muito mais adequadamente se chamar "Diga Dane-se! para a dor". Porque assim que você der fim à dor, terá dado fim ao medo.

Portanto, comece a dizer "Dane-se! para a dor". Quando reage à dor você está apenas apresentando uma resposta condicionada. E todas as respostas condicionadas são reversíveis. Quando se deparar com qualquer dor, contrarie sua reação imediata dizendo simplesmente Dane-se!.

Você está a salvo. No final das contas, nada tem importância. Renda-se à dor e poderá se render à vida.

E assim que você começar a dizer "Dane-se! para a dor", notará alguns interessantes efeitos. Seu medo pelas coisas começará a desaparecer. E esse medo será substituído pela libido: o amor e o tesão pela vida.

Esse processo tem força real: quanto menor o medo, maior a ânsia por fazer coisas que antes você temia. E quanto mais você faz, mais você sai para o mundo e mais você percebe o que há para fazer.

Logo você estará tocando violão na Leicester Square (em Londres), fazendo *rafting* no Canadá, largando o emprego e escrevendo o roteiro de um filme ou simplesmente dizendo para aquele bonitão da contabilidade que o acha realmente bonitão e se ele gostaria de ir ver um filme (aquele que você escreveu). Portanto, diga Dane-se! para a dor e estará dizendo Foda-se! para o medo.

Diga Dane-se! e seja egoísta

Achamos que temos de recorrer a gurus, mestres e sacerdotes para adquirir sabedoria. Mas cada vez que você voa, um fragmento de sabedoria infinita passa por você. Ela ocorre durante as instruções de segurança de voo. O que quero dizer é que entendo perfeitamente por que você não está prestando atenção: afinal, a lista de preços de perfumes sofisticados e relógios caros é muito mais interessante do que aprender como salvar a sua vida, não é? (Tem razão — as pessoas não sobrevivem mesmo em acidentes de avião, portanto é melhor estar perfumado e ter um belo relógio para ver as horas no momento anterior à sua morte.)

Bom, o que você está perdendo é o seguinte: "Em caso de despressurização, máscaras de oxigênio cairão automaticamente sobre você. Por favor, certifique-se de colocar sua máscara de oxigênio antes de ajudar as crianças sob seu cuidado".

Bum!

É sempre um choque quando eu escuto isso; mesmo quando não tinha filhos. É evidente que quando você pensa a respeito, faz todo o sentido atender a você em primeiro lugar e depois se concentrar em seus filhos. Afinal, de nada adiantaria você estar morto, que é o que aconteceria se tentasse colocar as máscaras neles enquanto você próprio não consegue respirar. Mesmo assim, ainda é um pouquinho chocante receber uma instrução oficial para cuidar de você antes de qualquer outra pessoa despressurização especialmente dos seus próprios filhos.

O pano de fundo de nossa reação de choque a essa mensagem é o seguinte:

- É bom ser egoísta.
- É ruim ser egoísta.

Se ouvir no noticiário que fulano de tal teve um ato altruísta, isso é motivo de admiração.

Se ouvir de uma namorada que fulano de tal era egoísta, então nunca é uma coisa boa.

Você nunca ouviria no noticiário que alguém foi elogiado por praticar um ato egoísta. E nunca ouviria de uma namorada que alguém era um filho da mãe de um altruísta.

E, como tudo que passamos pela vida sem questionar, vale a pena dar uma boa examinada nisso — especialmente se estiver interessado em abraçar a filosofia do Dane-se!

Então dê uma olhada em sua vida. Olhe honestamente no que você gasta o seu tempo, segundo a ótica do egoísmo ou do altruísmo — talvez você use outras palavras por enquanto para retirar os significados habituais dessas palavras: são as suas ações motivadas por objetivos de interesse pessoal ou pelo propósito de ajudar os outros?

Você provavelmente trabalha para ganhar dinheiro para si próprio (e dar a si próprio um sentido de valor e às vezes para divertir-se); provavelmente, gasta muito do seu tempo livre na busca de prazer para si, sai de férias para satisfazer a si próprio, etc. Sim e é muito justo também. É assim que vive a maior parte das pessoas.

Se tiver uma família e quiser argumentar que não está fazendo as coisas para você e sim para sua família, então eu lhe pergunto: em primeiro lugar por que você constituiu uma família? Não foi para você mesmo? Não lhe dá prazer sustentar e estar com sua família? Se a resposta for afirmativa, então você está fazendo isso para o seu benefício. Como seres humanos normais e "bons", estamos eternamente agindo por interesse próprio. Somos seres essencialmente egoístas. E, no entanto, mesmo ao escrever essa palavra há um peso nela, um implícito:

Ai meu Deus, nós não somos egoístas, somos? Bom, eu não sou, porque sempre paro na rua para aquelas pessoas que querem me inscrever num plano de contribuição vitalícia para dar o que puder, onde geralmente sugerem algo em torno de vinte reais por mês, que é claro, não parece muito, mas somado a todo o resto, você entende né? Principalmente sendo para o resto da vida; e é muito difícil para mim, sabe, emitir cheque porque o Imposto de Renda prefere que eu use alguma forma de documentar a operação, então, sabe, uma vez tentei dar dinheiro vivo para a caridade e disse: "Olha, não pode ser cheque, mas aqui estão quarenta reais", e me responderam: "Desculpe, senhor, mas não podemos aceitar dinheiro, só mesmo cheque ou depósito em conta". Eu pensei: Fantástico, uma instituição de caridade que não pode aceitar o meu dinheiro, aonde é que esse mundo vai parar? "Por favor, mocinha, estou morrendo de fome, não pode me isentar dessa burocracia? O mundo só pode estar enlouquecendo se você não pode dar dinheiro a alguém que precisa...".

Então, de onde vem esse raciocínio? Provavelmente — como de costume — do medo. Do medo de que se não salvaguardarmos o conceito de altruísmo no centro de nosso código moral, então não nos importaremos com ninguém mais — ou, mais importante ainda, que ninguém se importará conosco quando precisarmos.

Mas há uma coisa: dentro do conceito da ação por interesse próprio, do egoísmo, está a capacidade de ajudar outras pessoas. As pessoas dão dinheiro para a caridade porque se sentem bem fazendo isso. As pessoas ajudam os menos favorecidos pela sorte, porque isso as faz perceber a sorte que têm na vida. As pessoas disponibilizam-se para ajudar outras, porque isso dá um sentido de propósito às suas vidas.

Isso não diminui a qualidade do que as pessoas "boas" fazem pelos outros. Apenas reconhece algo que a maioria das pessoas não percebe.

E é uma qualidade importante de se reconhecer se alguma vez precisar angariar dinheiro para obras de caridade. As pessoas são relutantes em dar dinheiro para uma causa que não as afeta nem à sua família e não oferece nenhum "retorno" sobre esse dinheiro.

É por essa razão que campanhas que lhe permitem "adotar uma criança africana" funcionam bem. Você recebe a fotografia da criança que está ajudando e ela lhe manda uma carta de agradecimento. Isso é perfeito: você está genuinamente ajudando alguém, mas está também obtendo a satisfação natural do interesse próprio por fazê-lo.

Mas aqui estamos nós de novo, de volta ao mundo da caridade. E isso só ocupa uma proporção mínima do nosso tempo e dinheiro — pelo menos para a maioria. Voltemos à família para examinar como funciona no dia a dia o egoísmo **versus** o altruísmo.

Quando olho o tempo que passo com minha família, os únicos momentos que classificaria de "altruístas" são aqueles em que faço coisas que na verdade não queria fazer. Se estou cuidando das crianças quando estou morto de cansaço e eles estão num estado que não me convém no momento, então poderia classificar minha persistência nessa tarefa como "altruísmo".

Certamente não quero chamar de "altruísmo" a maior parte do tempo que passo com minha família. Se trabalho para sustentar minha família, faço-o porque adoro sustentá-los. Se brinco com os meninos na praia, faço-o por mim tanto quanto por eles: por isso não é altruísmo.

Portanto, parece — só para pegar uma situação da minha própria família — que qualquer coisa que cheire remotamente a "altruísmo" se resume aos momentos em que temos problemas. Todo o resto – todos os momentos felizes, abundantes e cheios de risos — são automotivados, já que todos temos o que queremos.

Ser altruísta é sacrificar algo que você quer em favor de algo que outra pessoa quer (ou necessita).

Nos negócios, houve um tempo em que estava muito em voga falar sobre situações "ganha-ganha". Ganha-ganha é apenas um resultado (desejável) dentre vários resultados possíveis em qualquer negociação entre duas partes.

Digamos que eu possua uma barraca de cachorro-quente e você seja o proprietário de um estádio de futebol. A venda de cachorro-quente fora do estádio é estritamente ilegal. E a polícia pediu-lhe que a ajudasse a eliminá-la. Aí estamos conversando cara a cara com cheiro de cachorro-quente. Você me explica a sua posição: tem que ajudar a polícia. Eu explico a minha posição: esse é o meu ganha-pão e vendo muito cachorro-quente para os torcedores e eles gostam. Você diz que tem cachorro-quente dentro do estádio. Digo que as pessoas querem um cachorro-quente quando estão andando do lado de fora também, enquanto esperam pelos amigos, nas filas das catracas. Você diz que se as coisas continuarem como estão, você perde: a polícia não largará do seu pé até que esteja tudo resolvido (isto é, eu ganho, você perde). Eu digo que se você ceder à polícia, eu perco: vou à falência. E os torcedores perdem porque ficarão sem algo que querem (isto é, eu perco, você ganha, mas, com torcedores descontentes, você perde também).

Então, sentamos e pensamos. Olhe, eu digo, meus cachorros-quentes são bons. Meu quiosque é limpo. Pedirei à vigilância sanitária que me inspecione toda semana. E talvez você possa me tornar um fornecedor oficial. "Tá bom" — você diz. Isso deve satisfazer os torcedores, mas... e as vendas de cachorros-quentes que perco no estádio? (Aquilo era quase um "ganha-ganha", mas você quer o seu último tostão.)

"Está bom" — eu digo, se me tornar oficial, aumento meus preços em 5% e dou-lhe o excedente. No entanto, terá que ser em dinheiro. E pode confiar em mim: eu vendo cachorro-quente. "Negócio fechado" — você me diz. E apertarmos as mãos. Acabamos de demonstrar uma negociação de uma situação ganha-ganha.

Em qualquer transação na vida, vale a pena conseguir uma solução ganha-ganha. É como ajo com minha família. É como age o doador para obras de caridade com a foto de seu órfão sentado à escrivaninha. E é como você deve tentar agir em todas as áreas de sua vida.

Porque você deveria sacrificar o que deseja em favor do que os outros querem ou necessitam:

- Em seus relacionamentos?
- Com sua família?
- No trabalho?
- Com seus amigos?
- Com as pessoas menos afortunadas que você?

Se quiser, pode começar a inventar novos termos para isso, como "interesse pessoal esclarecido" ou "egoísmo adequado". Nos círculos espirituais as pessoas falam de "agir e falar a partir de sua verdade". É a mesma coisa que borrifar com um *spray* purificador de ar a palavra "egoísmo" e esperar que ninguém note.

Portanto, vale a pena dizer Dane-se! ao altruísmo. Se começar a sentir que está se sacrificando em favor de outra pessoa, então precisa afiar suas habilidades de negociação.

Altruísmo é uma situação perde-ganha. E nunca funciona. Você acaba ficando irritado e no final das contas não é bom para a pessoa que parecia estar ganhando. Será muito melhor se você achar que também está obtendo algo dessa relação.

A melhor coisa que você pode fazer pelos outros é colocar-se em primeiro lugar. Com a pressão do mundo para ser altruísta, diga Dane-se! e seja egoísta.

Na dança da vida, pegue primeiro a sua máscara de oxigênio, depois respire fundo e ajude os outros. Acredite, eles agradecerão.

Diga Dane-se! para o seu emprego

Então, antes de começar a discorrer sobre como trabalhar é desagradável, vamos gastar um momento lembrando da sorte que temos em relação ao emprego.

Consigo perceber a palavra "sem precedentes" vindo à tona. Está preparado? É isso mesmo, vivemos numa época de liberdade "sem precedentes" no local de trabalho. É lógico que isso não se aplica a todo mundo, em toda parte: mas a maior parte de nós do Ocidente está vivendo muitas liberdades novas no local de trabalho. Poucas áreas de trabalho estão restritas a grupos limitados (isto é, homens, pessoas com sotaque alinhado, graduados em Cambridge, etc.). Se você for bom, tiver talento, pode se sair bem em praticamente tudo a que se dedicar.

Veja como minha família mudou, por exemplo. Vou ultrapassar a barreira da intimidade familiar ao escolher aleatoriamente esses exemplos, mas... Meus bisavós faziam parte dos empregados domésticos de uma grande mansão na região central da Inglaterra. Meus avós trabalharam em fábricas têxteis, muitas vezes à noite, por toda a sua vida ativa. Meu pai teve a opção de escolher entre duas carreiras oferecidas pelo pai dele: "Você pode trabalhar para a companhia de gás ou num escritório de contabilidade (que foi uma escolha inteligente, em termos financeiros). Nenhum deles se sentou com um "consultor" de carreiras para conciliar seus pontos fortes e suas habilidades com uma função profissional. Não participaram de programas de caça-talentos onde poderiam mamar nas tetas de cem associados (OK, todos os consultores que conheci tentaram me enfiar contabilidade e consultoria de gestão goela abaixo, mas mesmo assim...). Eu fui talvez o primeiro em minha família a sentar lá e poder dizer: "O que eu gostaria realmente de fazer?". A resposta foi: "Algo criativo", portanto, foi isso que fiz.

Claro que as coisas podem ainda ser difíceis. Mas se você decidir que não quer ir parar num **call center** (ou qualquer outro emprego disponível onde mora), então há, sim, oportunidades sem precedentes para conseguir algo em outro lugar e fazer sucesso em outra coisa.

Mas, mas, mas. Toda essa liberdade, toda essa oportunidade, toda essa riqueza e a maior parte de nós ainda não é feliz. Muitos de nós não gostam do trabalho que fazem ou da empresa para a qual trabalham. Gastamos a maior parte do nosso tempo trabalhando; no entanto, muitos de nós estão basicamente infelizes com o que fazem das 8 horas da manhã às 6 horas da tarde. Há sempre problema à vista.

A primeira razão é que geralmente há muita expectativa envolvida. O local de trabalho está abarrotado tanto de expectativas irreais quanto de lugares-comuns crassos. Ora, pense nas expectativas que o rodeiam e o trabalho que realiza: expectativas dos pais, dos amigos, da sociedade, de seu patrão, dos seus colegas, dos acionistas, do governo.

Fazemos o que fazemos porque achamos que o trabalho deveria nos satisfazer, que há a possibilidade de alcançarmos todas aquelas necessidades materiais (e objetivos) que temos. Esperamos muito de um emprego. Seu local de trabalho é provavelmente a comunidade mais importante à qual você pertence. Portanto, o seu emprego representa muito em termos de expectativas. E o problema é que muitas delas podem estar competindo entre si: seus pais querem algo de que se gabar em festas; sua companheira quer um contracheque gordo; seu chefe quer muitas horas de trabalho com alta produtividade; você quer gastar mais tempo lendo nos parques.

É hora de desfazer as expectativas. Perceba o que as outras pessoas esperam de você (e se isso é importante para você), perceba o que você espera de você (e se é mesmo importante pra você). Comece a dizer Dane-se! às coisas que você realmente não acha tão importantes. Concentre-se nas poucas coisas que têm realmente importância para você e o fazem sentir-se bem. A semana passada vi um grande comediante em Londres: ele era um médico diplomado (não que, segundo creio e espero, haja muitos médicos que não sejam diplomados) que disse Dane-se! à profissão e começou a fazer **stand-up comedy**[16].

Já que estamos falando de negócios, empregarei o meu próprio lugar-comum novamente: você não consegue agradar todo mundo o tempo todo. Então, nem tente. Comece a tentar agradar mais a você mesmo e veja o que acontece.

O que nos leva à segunda razão: expectativas de menos. Se conseguir relaxar o suficiente para sentir realmente o que gosta de fazer e o que não suporta fazer, então vale a pena estabelecer algumas expectativas quanto a organizar-se. Se não suporta o seu trabalho, crie a expectativa de que vai encontrar algo melhor no prazo de um mês.

Esperar a mudança positiva (especialmente quando você sabe especificamente qual deve ser essa mudança) funciona. E não se estresse demais sobre tomar decisões, mudar, etc. Quando você sabe o que quer (por meio do relaxamento), é muito difícil que a mudança não ocorra

---

16   Monólogos cômicos. Apresentação em que o comediante interage com o público, num bar ou teatro, contando piadas dramatizadas, que retratam situações do cotidiano e sátiras ao mundo moderno.

naturalmente. Pode ser que um dia após se dar conta de que ficaria louco se continuasse a trabalhar naquele lugar, você receba um telefonema de alguém dizendo que sabe de um emprego num outro lugar.

Uma vez livre das expectativas em relação a você, comece a se basear em suas próprias expectativas.

Dizer Dane-se! no contexto do trabalho não significa só deixar o emprego, no entanto. Pode ser que ao relaxar, você perceba que na verdade está satisfeito com o trabalho que faz. Pode descobrir que aceitar o que tem é a melhor maneira de dizer Dane-se! Pode descobrir que seu sentimento de infelicidade vem das expectativas irreais que os outros (ou você mesmo) têm a seu respeito. Está se candidatando ao cargo de diretor porque você o quer mesmo ou por que acha que é o que deveria fazer? Você realmente precisa pular para um nível mais elevado e trabalhar mais, ou poderia contentar-se com o que tem e trabalhar menos?

Uma das declarações mais comuns que escuto a respeito do trabalho é: "Eu realmente ainda não sei o que quero fazer". E ouço isso de pessoas de 30 e 40 anos, não apenas das de 20. E as pessoas continuam a dizer isso por anos e anos. Essa é única forma que encontram para expressar sua profunda sensação de que as coisas não estão bem. Escolheram o tópico trabalho para expressar esse desconforto, mas as razões para ele são provavelmente mais complexas. Na verdade o que estão dizendo é: "Não me conheço, mas tenho a sensação que algo está errado".

Se isso lhe diz alguma coisa, é hora de parar de se esconder atrás da frase "Realmente ainda não sei o que quero fazer". Diga Dane-se! e tenha coragem de começar a se conhecer. O que realmente você quer de e para você mesmo? Se preferir, arrume alguém que possa ajudá-lo a descobrir, mas é muito provável que não se trate apenas do seu trabalho e sim da sua vida. E suspeito que o seu problema seja o mesmo com o qual a maioria se depara: que temos muitas forças em ação (em geral desconhecidas) se rivalizando dentro de nós.

Reparei nesse fenômeno em minha última viagem ao Reino Unido: todo mundo quer ser tudo. Há tanta pressão para ser "tudo" que se torna irresistível. Todos nós queremos ser bem sucedidos no trabalho, ser especialistas em casa (em culinária, jardinagem, marcenaria), ser empregados dedicados, pais e companheiros disponíveis e presentes, proprietários de uma casa, e ricos. Todos nós queremos um estilo de vida sustentável, mental e culturalmente competente, relaxada e tranquila, queremos conhecer o mundo, sem ter de voar demais. Está tudo acelerado numa cultura voltada para o desempenho. Até as pessoas em aulas de ioga, olham ao redor interrogando-se em quanto tempo conseguirão realizar aquela **asana** [postura] que parece difícil, ou se o exercício **pranayama** pode trazer paz para todas as áreas de sua vida. Sinto-me tenso só de escrever sobre o assunto.

É claro que é difícil peneirar os seus desejos. Você quer ter segurança econômica, casa no exterior e trabalhar menos num emprego menos estressante. Alguns desejos podem coexistir, outros competem entre si. Comece a resolver isso.

Eu? Normalmente não faço trabalho algum. Faço só coisas que gosto. E parei de gostar de escrever sobre o trabalho, então já é hora de mudar para outro tópico.

Diga Dane-se! para o seu país

No ano passado, a maior parte dos britânicos mudou-se para a França e a maioria dos poloneses mudou-se para a Inglaterra. No mundo todo há pessoas dizendo Dane-se! e mudando de país. No meu modo de ver, seria melhor se fizéssemos uma "Troca de País" como fazem naqueles programas de tevê, em que trocam de casas. Poderíamos trocar por um período de dez anos e depois destrocar novamente. No final das contas, teria sido mais organizado se a Polônia pudesse oferecer algumas casas rústicas ambulantes (como na França) perto do mar (como na Espanha) com comida italiana (como na Itália) de modo que todos aqueles britânicos cansados da competição insana pudessem simplesmente ter trocado de casa com aqueles poloneses, que desejavam nada menos do que trabalho árduo e oportunidade de fazer fortuna e gastá-la num monte de coisas feitas por outras pessoas que ganham fortunas.

A verdade é que depois de dez anos (à vezes mais, às vezes menos), os britânicos iriam querer alguma ação (cultura, riqueza e algo horrível do que reclamar) e os poloneses estariam fartos da competição acirrada e desejosos de uma casa no campo, de se deitar ao sol e comer comida italiana.

Eu troquei de país. Vivo num país mais quente, mais feliz e menos competitivo (Itália) e estou feliz com isso tudo.

Quando volto ao Reino Unido, eu o acho igualmente inspirador, motivador, animado, fervilhante... mas superlotado, supercompetitivo, empenhado, desordenado, tenso e neurótico.

O fato de muitos de nós podermos mudar de país sem termos sido pressionados (pela guerra, pela fome, etc.) é uma outra forma de expressão da liberdade moderna.

Se você tem o suficiente e quer mais, por que não? Diga Dane-se!, pegue um avião (ou mais responsavelmente, um trem — ou, mais responsavelmente ainda, vá a pé). Mas há algo que temos que lembrar em primeiro lugar: onde quer que a gente vá, nós nos levaremos junto.

Isso, evidentemente, é óbvio. De uma forma muito literal: não podemos evitar de nos levarmos, é claro. Não temos uma lista de deveres que diga: "passaportes, passagens, esqueleto, órgãos internos, musculatura e tudo o que estiver entre eles". Mas tendemos a levar conosco todos os problemas que supomos que são causados pelas coisas ao nosso redor. Se você acha que está infeliz por causa da chuva, das pessoas, do seu trabalho, dos homens tensos... reflita. Porque há uma grande chance de que a infelicidade esteja dentro de você. E onde quer que você vá — qualquer que seja o paraíso que descubra — toda aquela infelicidade fervilhará de volta à superfície mais cedo ou mais tarde. Agora, claro que pode ser preciso desistir de tudo e viver noutro lugar para perceber isso. Embora esteja lhe contando isso, talvez você não acredite — e nesse caso é melhor ir em frente para poder provar a si mesmo que é verdade e depois tocar a sua vida.

Sei disso por experiência própria. Ajudei três homens corpulentos a carregar um caminhão com as nossas coisas. Achava que estava vigiando as coisas: certificando-me de que não iriam quebrar algo precioso, ou esquecer de colocar coisas que queríamos, ou levar coisas que não queríamos. Mas, de alguma forma, em algum lugar daquele caminhão estavam escondidos todos os meus problemas, as minhas ansiedades, a minha raiva, meus hábitos irritantes, minhas irracionais oscilações de humor.

Portanto, aqui estou eu agora, sentado num lugar que você provavelmente consideraria o paraíso, com muitas das mesmas porcarias. Embora, para mim, o processo de perceber que sinto todas aquelas coisas não importa para onde eu vá, tem sido muito libertador. E, talvez, eu não tivesse toda essa libertação, se eu ainda estivesse sentado lá na minha mesa de trabalho em Londres.

Relaxe, desapegue-se, veja se precisa realmente mudar. Se preferir ficar, então aceite sua vida e seu país como são. A pior coisa é não agir e passar o resto da vida em casa, se lamentando.

Diga Dane-se! para a procura

Somos todos pesquisadores. Estamos sempre à procura de mais significado. A procura é relativamente inconsciente durante grande parte de nossa vida.

Procuramos significado em nossos relacionamentos, em nossas amizades, nos empregos, no dinheiro, nos passatempos, em "missões" para ajudar outras pessoas.

Nós, na sociedade ocidental, temos muita sorte porque muitas pessoas têm oportunidades ímpares de conseguirem o que desejam. Há mais liberdade de trabalho, de movimentação, de convicções, de sexualidade, do que jamais houve.

Portanto, na sua busca por significado e satisfação você pode chegar relativamente depressa ao lugar que deseja. Para aqueles que pensam que o verdadeiro significado e a satisfação estão na obtenção do emprego dos seus sonhos, ou em encontrar o amor de sua vida, ou possuir uma BMW... se realmente mentalizarem isso, geralmente conseguirão.

O que geralmente acontece é que depois que o objetivo é conseguido ou alcançado, tendemos a ir em busca do objetivo seguinte. Depois para a próxima coisa. E depois a seguinte.

Se isto acontecer com muita frequência, as pessoas chegam a um ponto em que pensam: "Deve haver mais coisa na vida do que isso". E tendem a tornar-se espiritualizadas. Isso é ótimo. Porque é uma benção ser rico e bem-sucedido... significa que você atingiu o ponto de perceber mais rapidamente do que os que não têm, que a riqueza e o sucesso não significam muito.

Isso, evidentemente, não significa que só os ricos e os bem-sucedidos têm a sabedoria de se tornarem espiritualizados. É apenas um exemplo de uma área de busca. Se você acha que o significado e a satisfação residem na busca e descoberta do amor, então é uma benção conseguir encontrar pessoas suficientes e ter relações "significativas" o suficiente para perceber que "Deve haver mais na vida do que isso".

Se você acha que o significado e a satisfação residem em observar cada trem do Reino Unido, um a um, então é uma benção se conseguir localizá-los o mais rapidamente que puder para também perceber que "Deve haver mais coisas na vida do que isso". Seja qual for a razão, as pessoas aparentemente se tornam espiritualizadas no final de sua procura por significado.

Hoje em dia, **espiritual** significa um supermercado inteiro de bens e serviços.

Antigamente, no Reino Unido, havia só uma loja de esquina no fim da rua que vendia a mesma coisa para todo mundo... Presunto condimentado (**spam**)[17]. E o cristianismo era o presunto condimentado (**spam**) do passado. É lógico que você podia adicionar presunto condimentado a outras coisas para ter uma versão ligeiramente diferente... presunto condimentado (**spam**) com batata frita, presunto condimentado (**spam**) com ovos, presunto condimentado (**spam**) com purê de batatas, até mesmo presunto condimentado (**spam**) com presunto condimentado (**spam**). Assim como há os protestantes, católicos e as testemunhas de Jeová. Mas ainda continuam sendo presunto condimentado (**spam**) com uma pequena variação.

Hoje em dia, parece uma enorme feira livre, de cardápio variado, com fornecedores para todos os gostos... étnicos, comida-pronta, congelados, etc. Assim, podemos escolher desde as diferentes religiões organizadas: cristianismo, islamismo, hinduísmo, passando por

17   A palavra *spam* aqui se refere à aglutinação da expressão *spiced ham* que significa "presunto condimentado", um produto muito popular, antigamente, no Reino Unido e nos EUA. O grupo comediante Monty Python, num quadro dos anos 1970, popularizou a palavra *spam* com a conotação de algo ruim como comida enlatada e, portanto, indesejável. Daí o uso atual para mensagens eletrônicas que proliferam nas caixas de mensagem.

aquelas que parecem religião, como o budismo até as que são estruturadas, mas nada parecidas com religião: ioga, xamanismo, taoísmo.

O que muitos tendem a fazer é ir ao balcão do *self-service* para pegar e experimentar um pouco de cada. Pegam uma colherada de ioga, acrescentam um pouco de budismo, experimentam um pouco de taoísmo, salpicam com a última crença em voga... um pouco de "O poder do agora", algumas filosofias da Nova Era sobre abundância e carma e assim por diante.

É claro que não compram carne, e às vezes nem laticínios, com frequência evitam o pão, também (aqui estou eu a misturar metáforas novamente), mas lá vão eles para o caixa com uma cesta cheia de coisas.

E hoje em dia as lojas vendem coisas que não vendiam: roupas, livros, DVDs. E esse é o mundo da terapia alternativa. Desde uma massagem normal à moda da medicina chinesa, *Reiki* e homeopatia — esses extras têm todos um apelo espiritual que se tornam parte de seu novo sistema de crenças... mesmo que seja tão básica quanto "eu acredito que a massagem me ajuda a relaxar".

Se antigamente você fosse à loja da esquina e comprasse uma lata de Presunto Condimentado e algumas batatas... havia uma grande probabilidade de que a próxima pessoa comprasse a mesma coisa. A crença e a religião eram assim: todos fazíamos praticamente a mesma coisa.

Hoje, se você olhar para os carrinhos e cestas que passam pelo caixa, não há dois iguais. Estão abarrotados com as mais estranhas variedades de mercadorias.

É o mesmo que acontece com nossos sistemas de crenças: são diferentes uns dos outros e relativamente complicados. Mas num nível muito básico, nada mudou: crença e espiritualidade são muito importantes. E, para muitos, elas significam tudo.

Como já sabemos a respeito do significado... ele cria tensão e sofrimento quando entra em conflito com o que é a vida. Portanto, quanto mais importante for a sua crença/espiritualidade/religião, maior o potencial para causar tensão e sofrimento:

- Se você acreditar que é errado ser homossexual, então os homossexuais o deixarão tenso e moralista.
- Se você acreditar que é errado ter relações sexuais antes do casamento, então todo momento de luxúria e desejo o enlouquecerá.
- Se você acreditar na abundância, então dar o seu dinheiro e não receber dez vezes mais em troca irá irritá-lo.
- Se você acreditar no poder da paz acima de tudo, então as guerras o aborrecerão.
- Se acreditar que os humildes herdarão as terras, então ficará zangado ao ver os ricos e poderosos se divertirem enquanto isso.
- Se acreditar que uma mulher deve se cobrir da cabeça aos pés, então qualquer carne feminina revelada o enfurecerá.
- Se acreditar que Deus terá o Seu dia, então não aprecia tanto este dia.
- Se acreditar que as forças do mal deveriam ser esmagadas, você poderá cometer atos de "maldade" para conseguir isso.
- Se acreditar que a resposta se encontra na vida após a morte, você deixará escapar as respostas nesta vida.
- Se acreditar em vidas passadas, poderá abdicar da responsabilidade pela vida presente.
- Se acreditar que Jesus retornará para salvá-lo, esquecerá que não há nada do que salvá-lo.
- Se acreditar que não julgar é o caminho para a paz, seu próprio julgamento lhe causará dor e culpa.

Portanto, eis outra piada cósmica: a procura, em nossas vidas, leva-nos a tentar encontrar significado além de nossas vidas. Os nossos amores, nosso dinheiro, nossas realizações não são suficientes, portanto buscamos mais. E procuramos na "espiritualidade", que geralmente envolve o "invisível".

É provável que a resposta para tudo isso resida no seguinte: não procurar por mais, mas procurar por menos.

Quando retiramos o significado das coisas que já são significativas em nossa vida, é aí que encontramos a paz e o divino. A piada é a seguinte:

- Deus não é mais do que conhecemos. Ele é menos do que nós conhecemos.
- Quanto menos você procura, mais encontra.
- Quanto menos você quer, mais recebe.
- Quanto menos você olha, mais vê.
- Quanto menos "Você", mais "Ser".

Se Deus é menos quando procuramos por mais, então a espiritualidade não é uma reserva de crentes. A espiritualidade é o que é. Todos são espirituais assim como tudo. E tudo o que você faz é espiritual e divino.

- Quando você está aborrecido e zangado, isso é espiritual
- Quando tem ciúme, isso é espiritual.
- Quando tem fome, isso é espiritual.
- Quando você quer ter um Porsche, isso é espiritual.
- Quando quer estrangular o seu chefe, isso é espiritual.

Não há nada que não seja espiritual. Isso significa que não há nada que tenha que fazer para ser espiritual ou "bom". Você não tem que ir a lugar algum nem realizar nada. Você pode verdadeiramente dizer Dane-se! a tudo e, ainda assim, ser espiritual. Porque é impossível *não* ser espiritual.

4.
O efeito de dizer Dane-se!

A vida reage quando você diz Dane-se!

Você levou seus dois filhos a um restaurante de comida chinesa. Flynn tem 5 anos e Lizzie 7. Você está cansado. O bife crocante está demorando para vir, e as crianças estão ficando inquietas. Flynn desdobra o guardanapo engomado e o coloca sobre a cabeça fazendo sons de "buuu, buuu", como se fosse um fantasma. Lizzie junta-se à brincadeira antes mesmo que você tenha oportunidade de pronunciar uma palavra.

Os "buuus" rapidamente aumentam de volume e você pede às crianças que parem: "Estamos num restaurante e não podemos perturbar as outras pessoas". De fato, essas outras pessoas estão começando a se sentir incomodadas e estão olhando ao redor.

Suas súplicas iniciais para que parem não surtem efeito. Você tem então, várias linhas de ação à sua disposição:

1. Fica bravo e usa os métodos que normalmente emprega para controlar seus filhos (que podem ir desde uma chantagem como "vocês não vão tomar sorvete" até o uso do medo como "esperem até chegar em casa" ou "vou contar ao seu pai").

2. Não fica bravo, mas fica cada vez mais frustrado por seus filhos não o ouvirem... isso geralmente acaba em algum tipo de explosão de sua parte.

3. Você se rende e deixa as coisas correrem.

O número 1 funciona se os seus métodos forem bons o bastante ou se você for suficientemente assustador. Bom, pode ser que funcione nessa ocasião. Mas crianças são crianças e a não ser que tenham muito, muito medo de você, constantemente resistirão às suas tentativas de controle.

O número 2 não envolve nem uma tentativa séria de controlar os seus filhos nem uma aceitação. É uma posição ruim de se estar e a que causa maior estresse.

O número 3 é a mais difícil e arriscada porque contraria tudo o que dizem aos pais a respeito de limites e disciplina.

Mas imagine o seguinte: você coloca o seu próprio guardanapo sobre a cabeça e começa a fazer "buuuu" também. As crianças adoram e fazem "buuu" em resposta durante algum tempo. Mas sabe o que acontece? Logo elas se entendiam e procuram outra coisa para fazer, que é — geralmente — mais calma e menos perturbadora. E, para completar, logo as pessoas ao redor esquecem que foram incomodadas.

Pondo de lado discursos sobre educação infantil, olhemos para uma criança como uma metáfora da vida.

A maior parte de nós — como já discutimos anteriormente — tenta controlar sua vida até os mínimos detalhes. De fato, temos métodos muito sofisticados para controlar a vida, assim como o pai que usou o método número 1.

Você pode muito bem ver esses métodos em ação nos seus pais. Os pais são velhos mestres no jogo de tentar-controlar-a-vida. Os pais — geralmente com a ajuda de mais recursos financeiros do que tinham quando eram mais novos — tentam eliminar todas as formas de desconforto de suas vidas. Estabelecem rotinas confortáveis, enchem suas casas de ornamentos confortáveis, colocam capas nos assentos sanitários e falam de coisas que não ameaçam ninguém, como, por exemplo, qual o melhor caminho para chegar a Cirencester ou como montar um alpendre. Comem alimentos reconfortantes (coisas cremosas, coisas assadas no forno, coisas cozidas) e assistem a programas reconfortantes (a fatia de mercado quase totalmente açambarcada por Alan Titchmarsh[18]).

Quanto mais seus métodos se tornam sofisticados/desesperados, mais a vida parece estragar com seus planos. A casa é assaltada, o encanamento arrebenta, ficam doentes e conhecidos começam a morrer.

Receio que a vida controlada e "confortável" não seja o caminho para a sabedoria ou a felicidade. Tampouco o é a tentativa malpassada de controlar a vida com o método número 2.

O número 2 é um jeito chato de viver. O controle pelo menos tem algum vigor, alguma direção. Quando você tenta controlar, mas está inseguro, navega aos solavancos no mar tempestuoso da vida. Você se irrita, mas não consegue se sentir incomodado o bastante para se levantar e fazer algo a respeito. Esse é o caminho para a infelicidade.

---

18   Conhecido apresentador de programas sobre jardinagem na tevê e também de um programa musical na Rádio BBC, de Londres.

Quando nos rendemos à vida — quando dizemos Dane-se! em qualquer nível —, começamos a flutuar na onda da vida. Quando coloca o guardanapo na sua própria cabeça, algumas coisas acontecem:

- Você realmente se diverte porque a brincadeira é boa e você parou de resistir.
- As crianças o irão adorá-lo por isso e se recordarão desse momento para o resto da vida. Sem a habitual resistência dos pais ao que estão fazendo, cedem muito mais rápido do que você esperaria.

Portanto, desculpe se o estou empurrando de metáfora em metáfora, principalmente com assuntos de casa... Mas a mesma coisa acontece com a vida. Quando você se rende à vida, as mesmas coisas acontecem:

- Você começa a se divertir, porque o jogo da vida é um bom jogo e você parou de resistir.
- A vida parece amá-lo quando você para de resistir e começa a vir mais ao encontro de sua vontade.
- A vida flui e reflui muito naturalmente em seu próprio ritmo. Se você bater em alguma coisa desagradável, ela é logo substituída por algo encantador.

Evidentemente a segunda frase é a que mais deve estar lhe suscitando dúvidas. Isso é contraintuitivo. Ensinam-nos que para conseguir algo na vida, temos que trabalhar muito e nos esforçar para isso. Temos que estabelecer metas e trabalhar para alcançá-las. Temos que resolver o que é importante para nós e colocar, implacavelmente, essas coisas em primeiro lugar, tentar alimentá-las. Acreditamos que se não nos empenharmos, não as obteremos. Mas, é possível que o oposto também seja verdadeiro.

Se conseguirmos encontrar coragem para afrouxar o nosso apego às coisas... para parar de trabalhar tanto e lutar tanto... para abdicar de coisas que nos são importantes... algo mágico acontece:

- Começamos a conseguir naturalmente o que queríamos inicialmente, mas sem esforço.

Ora isto é muito **zen** e potencialmente desconcertante: para conseguir o que quer, você tem que desistir de querer.

Mas veja as coisas da seguinte maneira: qualquer forma de desejo e luta envolve algum tipo de tensão. Quando você abre mão do desejo, a tensão desaparece. E o relaxamento que a substitui tende a atrair coisas boas para a sua vida.

De volta à metáfora infantil: quando você para de querer tanta coisa para o seu filho — que ele seja o primeiro da classe, o melhor nos esportes, que vá à melhor universidade e consiga o melhor emprego —, quando você, genuinamente, desiste desses desejos, e se limita a recostar-se e a deixar o seu filho à vontade, ele sente liberdade absoluta.

E — curiosamente — no seu senso de liberdade, as crianças tendem a se sobressair naquilo pelo que se interessam. Portanto, você obtém o que queria, precisamente por não o querer. Quando você desiste de querer que tudo seja de determinada maneira, quando diz Dane-se!, a vida ficará tão grata que o cobrirá de bênçãos. E se isso não acontecer, por favor, escreva-nos para:

The University of Fuck It
Localita Girfalco
Via Ca'Loreto, 3
61029 Urbino (PU)
Italia

E devolveremos o seu dinheiro.

Os efeitos de dizer Dane-se! em sua mente

Você nota a beleza em coisas inesperadas

Já observou uma criança pequena brincando? Ou consegue se lembrar do que se passava em sua cabeça quando era criança? Fiz as duas coisas. Faço a primeira com regularidade porque tenho dois filhos pequenos. E a segunda porque, quando realmente relaxo, me lembro de como era ser criança.

Se me deito e olho para o céu azul e ouço o som de um avião ao longe, ele invariavelmente me traz uma recordação de minha infância. Por quê? Porque ao crescer deixamos de nos fascinar pelas coisas comuns. Por isso quando, às vezes, sinto prazer simplesmente pelo que me rodeia, isso me faz lembrar da última vez que me senti assim: quando era criança.

É isso que as crianças fazem. Elas vivem o milagre da existência. Tudo é novo e fascinante. Deslumbram-se com o papel de embrulho tanto quanto com o presente... com uma torneira pingando tanto quanto com um lago... com o cheiro da chuva caindo no concreto seco tanto quanto com o cheiro do pão assando.

Não há regras para o que é bom ou ruim, para o que é melhor, ou o que vale a pena. Há pouco discernimento: há apenas coisas surgindo... e a maioria delas é fascinante.

Ao crescermos aprendemos a discernir, discriminar e filtrar. E tendemos a filtrar as coisas comuns em favor das extraordinárias e incomuns. Na verdade, durante grande parte do tempo, estamos tão perdidos em pensamentos do passado ou preocupações a respeito do futuro que não temos muito tempo para qualquer tipo de apreciação. Mas quando "apreciamos" realmente, costuma ser sobre coisas que os adultos acham que vale a pena apreciar: coisas saborosas, coisas interessantes e coisas caras.

A determinada altura, a sensação do assoalho sob nossos pés, o som da descarga do vaso sanitário no andar de cima, a sensação do vento roçando no seu rosto... todos eles desaparecem da lista de coisas que deveríamos apreciar. Em vez disso, gastamos um monte de dinheiro para sair de férias, ir ao teatro ou comer fora para exercitarmos nossos músculos da apreciação.

Quando dizemos Dane-se! a qualquer coisa, então os significados começam a desmoronar. Quando as coisas que tem importância perdem seu significado, repentinamente o mundo se abre novamente. Sem a discriminação que aprendemos ao crescer, cada pequena coisa tem o potencial de ser apreciada. Tudo é lindo. Se isso acontecer de repente, pode ser alucinante (quase literalmente). E é isso o que acontece a muitas pessoas que aparentemente "despertaram". Quando você começa a ver a beleza em coisas absurdas, você sabe que está começando a perder o juízo. Ou, pelo menos, o juízo que aprendeu a ver significado apenas numa gama limitada de coisas.

Veja cada momento como tendo potencial infinito para a beleza. Tendemos a arrastar todos os nossos julgamentos, condicionamentos e limites do passado para o presente. E isso reduz esse momento a algo muito limitado. Se você deixar para trás alguns desses julgamentos e vir apenas as coisas como uma criança pequena as veria, você começará a ter uma sensação maravilhosa. É uma sensação de alívio, mas misturada a algum tipo de nostalgia, também. A nostalgia provém de um lugar muito profundo de você que se lembra de como era ver as coisas dessa forma o tempo todo.

Quando dizemos Dane-se!, voltamos o relógio no tempo. Desaprendemos o significado e rompemos com coisas que pensávamos serem importantes. Retrocedemos a um estado mais natural onde as coisas não significam muito, mas são simplesmente lindas.

A ansiedade desaparece com o tempo

Quando uma coisa importante vai mal, você se sente ansioso e estressado. Na verdade, a simples possibilidade de que algo importante dê errado, já faz você se sentir ansioso e estressado.

Dada a ampla gama de coisas que nos são importantes, há uma possibilidade enorme de que sintamos ansiedade. E ansiedade e estresse o deixarão doente com o tempo. Então vale a pena desistir delas e, em vez disso, utilizar uns esparadrapos.

Quando você começa a dizer Dane-se! às coisas, a ansiedade desaparece. Atrasado para o trabalho e estressado por causa disso? Diga Dane-se! e o estresse desaparece imediatamente.

Quanto mais você diz Dane-se!, mais perceberá que a maior parte das coisas não são assim tão importantes. E sua ansiedade, com o tempo, desaparecerá.

É claro que ainda ficará ansioso com algumas coisas. Mas assim é a vida. E ansiedade no contexto correto pode ser uma reação útil. Se estiver dirigindo seu carro numa estrada rural, contornar uma curva e deparar-se com um elefante correndo em sua direção, é útil sentir-se um pouco ansioso. Sua adrenalina começará a subir, o que lhe dará todo tipo de poderes especiais e o ajudará a lidar eficazmente com a ameaça iminente representada pelo elefante.

Se a adrenalina não for suficiente e o único cenário inevitável for uma bela esmagada do dito elefante, então sem sombra de dúvidas diga Dane-se! antes de partir.

Pode tornar a sua viagem para o céu um pouco mais fácil. Isso evidentemente vai depender da sua crença, já que o uso da palavra Dane-se! pode mandá-lo direto para o inferno.

Suas opiniões podem mudar e tornarem-se menos rígidas

Sempre tive uma certa pena dos políticos. Bom, alguém tem que ter, não? Eles têm de resolver em que acreditam a respeito de cada assunto — que por si só já é bastante difícil — e têm que manter sua crença para o resto da vida.

Há espaço para um mínimo de manobra, é claro, no decurso de uma vida política. Mas muito pouco. E reconsiderar pode ser visto como uma "mudança de direção".

Ora, desde que eu não esteja colocando os outros carros em risco, sou totalmente a favor da mudança de direção. Se você percebe que está indo pelo caminho errado, melhor pisar com força no freio, dar uma cantada nos pneus e tomar a outra pista da rodovia como fazem nos filmes americanos.

Você nunca ouve os políticos dizerem: "Olha, na realidade sentei-me e refleti sobre esse assunto e percebi que tenho sido um completo idiota. Agora penso exatamente o contrário do que pensava. Desculpem-me".

Juntamente com nosso acúmulo implacável de significado, acumulamos opiniões sobre tudo. E elas tendem a se tornar mais rígidas à medida que envelhecemos. Claro que há opiniões de todos os tamanhos e formas, mas ainda assim, continuam sendo opiniões

Você pode ter opiniões sobre grandes temas: que ninguém deveria poder morrer de fome, que a perseguição não deveria ser tolerada, que as potências nucleares deveriam ser desarmadas. Pode ter, também, opiniões sobre temas menores: que a Sue, que mora na mesma rua que a sua, deveria chutar o Mick depois daquele caso que ele teve com a Mandy; que a loja de peixe com batatas fritas, lá da esquina, deveria voltar a ter chocolates recobertos, que a garota do tempo da tevê local não deveria usar saias tão curtas.

Mas elas continuam a ser só opiniões. E todas as opiniões estão relacionadas com algo que tem importância. Quando você começa a dizer Dane-se! e as coisas começam a ter menos importância, você começa a perder o seu amor pelas opiniões. Enfim, se nada tivesse importância, você não teria nenhuma opinião. Você não teria nenhuma posição, nenhum ponto de vista, nenhum argumento. Você apenas reagiria às coisas à medida que elas acontecessem.

No processo de as coisas terem menos importância, suas opiniões podem mudar. Elas certamente se tornarão menos rígidas.

Pessoas que começam a dizer Dane-se! mudam de vegetarianas para carnívoras, de ativistas por uma causa a passivistas, de pacifistas a apatistas. E se inventei algumas palavras aqui foi só por uma questão de ritmo, hein! Ah, Dane-se!.

No passado sustentei a opinião de que a língua inglesa deveria ser escrita corretamente. Por exemplo, não se deveria começar uma frase usando "E" ou "Mas". Mas um dia disse Dane-se! E agora começo, sentença sim sentença não, com tais conjunções e também invento novas palavras.

No passado eu tinha uma opinião pronta a respeito de tudo. Essa é uma triste confissão, mas quando faziam perguntas aos políticos, no rádio ou na tevê, eu imaginava como responderia. Hoje em dia, meu ponto de vista é o que está ao alcance dos meus olhos, no momento.

Você perde o enredo

Não, não quero dizer que você vai ficar biruta. Embora evidentemente poderá ficar. E mesmo que não fique, pode parecer às pessoas à sua volta que você ficou. Mas o que eu quero dizer com perder o enredo é o seguinte:

Digamos que a sua vida seja um filme/peça. O "enredo" de sua vida é algo que você imaginou muito bem (bom, pelo menos você pensa que sim):

- Você tem uma ideia clara de como o personagem principal (isto é, você) agirá em determinadas circunstâncias.
- Você sabe o que aconteceu antes e compreende isso muito bem.
- Você reconhece, e entende, o cenário de cada cena.
- Você tem muito boas ideias sobre o que deveria acontecer no resto da peça/filme.
- Você tem uma noção muito nítida de um princípio, um meio e um fim.

Quando você começa a dizer Dane-se! às coisas, tudo se atenua e fica turvo. O filme repentinamente começa a ficar parecido com um filme francês dos anos 1960. Você já esqueceu o francês, então não consegue entender o diálogo e a legenda é pequena demais, vista do lugar onde está sentado. Para ser mais específico, o que acontecerá é o seguinte:

- Uma vez que as regras pelas quais o personagem principal (isto é, você) atua estão se esfarelando, fica cada vez mais difícil ver o que ele fará em uma determinada circunstância.
- O significado do que aconteceu a você, torna-se menos claro e seu passado, de alguma forma, parece menos sólido.
- O cenário de cada cena de repente se torna imenso e cheio de possibilidades, enquanto antes você só via o que queria ver.
- Você planeja cada vez menos; pode perder a sensação de propósito e vê que sua vida poderia se encaminhar num número (infinito) de direções.
- A sua percepção do tempo muda e você percebe que só existe um meio: o momento presente da existência.

Os efeitos de dizer Dane-se! em seu corpo

O corpo relaxa

Quando temos um pensamento tenso, então essa tensão é também representada no corpo. Portanto, se ao dizer Dane-se!, você se liberta de um pensamento tenso, automaticamente você começa a libertar o seu corpo da tensão.

Experimente apenas uma coisa agora. Escolha algo que esteja lhe deixando ansioso. A seguir, enquanto expira, diga Dane-se! e sinta o seu corpo relaxar. Repita.

Se isso pode acontecer com uma só coisa em sua vida, imagine o que aconteceria com uma série de coisas. Quando você realmente começar a dizer Dane-se! na vida, todo o seu corpo começará a relaxar.

Você poderá não notar logo de início, mas certamente começará a acontecer. Na verdade, talvez outras pessoas notem antes de você. O seu rosto ficará mais suave, e as pessoas podem comentar que você parece mais jovem. Seu pescoço e ombros relaxarão e você poderá parar de ter aquelas dores de cabeça que costumava ter, ou dores e inflamações nessas áreas. Todos os seus músculos se descontraem e parecem mais pesados.

À medida que o seu corpo se descontrair, você se pegará sentado e desfrutando das sensações do seu corpo. E uma dessas sensações será o *chi*.

O seu chi *flui*

Quanto mais você disser Dane-se! e relaxar, mais o seu *chi* fluirá. Lembre-se de que o *chi* é a força vital que flui em você. Você o sentirá como um formigamento, um calor ou uma sensação magnética.

Se você não sabe como ele é, está na hora de aprender a tocar o acordeom da energia. Portanto, vista a sua boina energética, coma alho energético e segure seu acordeom imaginário.

Esse acordeom gosta muito de ser tocado devagar — muito devagar. Então suas mãos estão afastadas, segurando o acordeom. Agora você começa a trazer suas mãos para mais perto uma da outra. Não deixe que se toquem, apenas aproxime-as vagarosamente. Quando estiverem bem próximas, comece a puxar o acordeom, abrindo-o novamente. E continue esse processo. Feche seus olhos e concentre-se no que está sentindo em suas mãos e entre elas.

Aqui o principal é relaxar. Relaxe os ombros, relaxe suas mãos. Se não conseguir hoje, descanse; amanhã você conseguirá.

Mas o que começar a sentir, hoje ou amanhã, é o *chi*. E essa coisa é a chave para a sua saúde.

Adoro trabalhar com o *chi* porque ele tem o princípio mais simples: quanto mais você relaxar, mais o sentirá.

Não é necessário aprender técnicas complicadas nem passar por um curso de aulas para principiantes, intermediários e avançados. Não, basta saber que quanto mais relaxar, mais o sentirá.

Por isso, quando você diz Dane-se! a qualquer coisa, libera a tensão do corpo e mais o *chi* fluirá.

Seu corpo vai se reequilibrar

Qualquer tensão no corpo cria um desequilíbrio energético.

Na medicina chinesa, todos os meridianos que fluem ao redor do corpo estão relacionados com diferentes sistemas orgânicos energéticos. Ao criar tensão física em qualquer uma dessas áreas, você cria um bloqueio do fluxo de energia o qual produz um efeito sobre aquele sistema orgânico.

Imagine-se no trabalho. Pode ser que você fique debruçado sobre um computador o dia todo, preocupado com isso ou aquilo. A posição encurvada por si só já cria tensão nos ombros, pescoço e costas. Os pensamentos de preocupação ainda por cima aumentam a tensão. É provável que você fique assim durante horas.

Essa tensão toda bloqueia o fluxo de energia vital pelo corpo. E você começa a ter desequilíbrios. O desequilíbrio energético começará a afetar suas emoções e sentimentos — e também a sua saúde.

Sempre que você diz Dane-se! e relaxa em relação a algo que anteriormente lhe causava tensão, a tensão começará a fluir por onde antes estava bloqueado. E seu sistema energético se reequilibrará.

As doenças desaparecerão

Uma vez que as doenças são causadas por esses desequilíbrios de energia, qualquer reequilíbrio levará ao desaparecimento das doenças.

É isso que acontece quando você se submete à acupuntura. As agulhas são colocadas em pontos onde estão ocorrendo bloqueios de energia — e pimba! — a energia começa a fluir novamente.

Se você conseguir relaxar o bastante, conseguirá exatamente o mesmo efeito. Dizer Dane-se! a algo, assemelha-se ao efeito de uma agulha bem colocada em seu corpo. E você começa a se sentir melhor. Sente-se como se tivesse mais energia (estamos falando da energia tradicional, desta vez, e não da energia *chi*). Talvez precise dormir menos e comer menos. E as doenças começarão a diminuir e a sarar.

Você viverá mais

O efeito de todo esse relaxamento é, no final das contas, prolongar o seu tempo de vida (salvo acidentes horríveis que encurtam a vida, evidentemente).

Se você disser Dane-se! a alguma área muito, muito cheia de tensão de sua vida, você vai aumentar o seu tempo de vida neste planeta. Sempre que relaxa completamente, você retarda o processo de envelhecimento. Se conseguir relaxar profundamente, você poderá reverter o processo de envelhecimento.

Assim, curiosamente, quanto menos importância a vida tiver para si, mais você viverá.

5.
O Método Dane-se!

Dizer Dane-se! é suficiente para qualquer pessoa se ajeitar na vida (afinal de contas, é o caminho supremo). Relaxar profundamente e libertar-se pode resolver qualquer problema. O simples ato de relaxar é mais poderoso que qualquer forma de ioga ou *tai chi*. A verdade é, no entanto, que nossas mentes gostam de métodos; algo em que se agarrar, aprender e que nos lembre de que estamos fazendo bem a nós mesmos. Portanto, bem-vindo ao Método Dane-se! O método sem método.

O Método Dane-se! pega as posturas da vida (como estar afundado no sofá, assistindo à televisão), ajusta-as ligeiramente, acrescenta-lhes uma pitada de consciência (percepção do que você está fazendo) e um montão de relaxamento, e dá-lhes uma forma fantástica que lhe fará muito bem. De fato, os benefícios exatos de cada postura são indicados aqui — portanto, você tem muito o que refletir.

As raízes do Método Dane-se!

O Método Dane-se! é uma espécie de *chi kung*. Assim como o *tai chi* é uma forma de *chi kung*. Deixe-me explicar: *chi kung* é a prática energética chinesa. Na verdade, *chi kung* significa literalmente "prática com a energia". E isso significa que quando você trabalha conscientemente com a sua energia, você está fazendo *chi kung*. Se estiver sentado agora, lendo este livro, e relaxar o seu corpo e imaginar o *chi* fluindo pelas suas mãos, você está fazendo *chi kung*.

É disso que gosto nesse método. Você não tem que ir a aulas, não tem que ler livros, não tem que aprender métodos complicados, você pode praticar *chi kung* onde quer que esteja. Quer dizer, pode fazer todas essas coisas se quiser. Eu frequentei cursos por anos, li dúzias de livros, aprendi muitos métodos complicados, portanto, fique à vontade se é disso que gosta. Mas você não chegará mais rápido a lugar nenhum por fazer tais coisas. Na verdade, garanto que você experimentará mais energia mais depressa utilizando o Método Dane-se! do que aprendendo *tai chi*.

E, claro, o *tai chi* também é uma forma de *chi kung*. Provavelmente a forma mais famosa. É uma forma típica de *chi kung* em movimento: os movimentos são muito lentos e todos os movimentos são destinados a exercitar diferentes sistemas de energia do corpo. O problema, no entanto, com um método tipo *tai chi*, é que se leva muito tempo para aprendê-lo adequadamente. Podem-se levar uns dois anos para aprender os movimentos básicos. E isso, antes de aprender o trabalho energético profundo. Adoro o *tai chi*. E estou feliz por ter-lhe dedicado horas. Pois hoje, acho que não me daria ao trabalho.

O Método Dane-se! é para aqueles que querem sentir os benefícios do *chi kung*, mas sem todo aquele esforço. E que — a propósito

— tem muito a ver com o estilo taoísta: despender um esforço mínimo e obter o máximo de resultado.

Portanto, aqui está o método que requer o mínimo de esforço: o método que diz Dane-se! ao método. Como no **tai chi**, se você utilizar o método todo, fará uma limpeza completa em seu sistema energético.

Se seguir esse método diariamente por um mês, notará benefícios profundos: você se sentirá visivelmente mais relaxado o tempo todo, dormirá melhor, seu apetite de estabilizará e começará a curar qualquer doença.

Como qualquer coisa dentro da filosofia Dane-se!, não o leve muito a sério e não se apegue a qualquer desses benefícios previstos. Faça-o porque gosta da sensação de energia em seu corpo e porque é um dos primeiros a praticar uma nova modalidade energética de âmbito mundial.

Prática

A ideia básica do Método Dane-se! é que você possa praticá-lo como parte integrante do seu dia normal. Cada posição é baseada em algo que você já faz. Portanto, só o que precisa fazer é um pequeno ajuste à sua posição (tal como certificar-se de que seus pés estão paralelos ou que seus joelhos estão levemente flexionados), respirar conscientemente e tomar consciência de sua energia *chi*, e — rapidamente — estará praticando o Método Dane-se!

Portanto, a prática diária é importante se quiser começar a armazenar o seu *chi*. Se não conseguir praticar um pouco num dia, seu preguiçoso, então Dane-se! e tente de novo amanhã.

Respiração

A respiração é vital para todas as posturas e movimentos. Caso contrário você morrerá. E não queremos nenhuma morte agora, não é mesmo?

Vale a pena começar a brincar com a respiração abdominal nesse método. Respiração abdominal? É isso mesmo, meu velho, respirar pela barriga. Se você observar como um bebê respira, notará que a primeira coisa que acontece quando ele inspira é que a sua barriga se enche de ar. Quando ele expira, a barriga esvazia. Essa é a maneira natural de respirar.

Por uma ou outra razão, em algum momento da nossa infância (provavelmente quando ficamos muito assustados com alguma coisa), começamos a respirar principalmente pelo peito. Portanto, se observar a maioria dos adultos respirar, verá que seu peito se levanta quando inspiram e abaixa quando expiram. E quase nada acontece com sua barriga. Esse modo de respirar pode ser muito bom para emergências, mas não é tão bom para a vida normal. É uma respiração superficial. E uma respiração superficial significa uma vida superficial.

Se quiser viver mais intensamente, tem que respirar mais profundamente. E isso significa levar o ar até a sua barriga. Portanto, experimente agora — ao expirar empurre os músculos da barriga para fora. Imagine que há um balão dentro de sua barriga e você tem que enchê-lo a cada inspiração. E depois, esvazie o balão a cada expiração.

Aprender a respirar dessa maneira pode mudar a sua vida. A simples mudança da respiração torácica (superficial) para a respiração abdominal (profunda) pode ter efeitos fisiológicos tremendos. Você estará enchendo mais eficazmente os pulmões (com a respiração torácica, nunca preenche mais do que dois terços dos pulmões). Portanto, estará recebendo mais oxigênio (o principal combustível do corpo). A nova ação do seu diafragma (ele é empurrado profundamente para baixo na inspiração em vez de se levantar ligeiramente) realiza uma massagem fantástica sobre todos os seus órgãos internos. Os órgãos massageados recebem um afluxo de sangue tão bem-vindo quanto uma ducha quente. Todo o intestino recebe uma boa massagem também, que permite proporcionar mais efetivamente o que o seu corpo necessita e livrar-se do que não é necessário.

Outra coisa fantástica da respiração abdominal é que você tem que se desvencilhar um pouco da vaidade (superficial) já que com uma respiração abdominal eficaz, sua barriga vai estufar como a do Buda (e ele tem uma barriga grande). Você pode substituir um pouco dessa vaidade por aceitação (profunda) e desfrutar da sensação de saúde e relaxamento que essa respiração traz.

Você pode também trocar os cintos com furo fixos por algo mais elástico que lhe permita movimentar mais livremente a sua região abdominal.

Como o chi se desenvolve

Quanto mais conscientemente você trabalhar o **chi**, mais ele se desenvolverá em seu corpo. Imagine que cada dia de prática consciente é como depositar uma moeda de um real em um jarro. Com o tempo, você vai acumulando moedas. Só que o jarro é administrado por um gerente de investimentos dos diabos. No momento ele está conseguindo obter um retorno de 200% sobre o seu investimento. E, uma vez que você está reinvestindo todo o lucro e as ações estão lhe dando um dividendo anual extra, você está se saindo muito bem. Imagine só como você vai estar rico daqui a alguns anos. É assim que funciona o **chi**.

E é assim que o *chi* funciona no momento. Os chineses dizem: "Primeiro a mente. Depois o *chi*. E depois o sangue". (Só que eles dizem em chinês; caso contrário, seria estranho.) É sucinto, mas verdadeiro.

Quando você pensa em uma parte de seu corpo, digamos a palma das mãos, o *chi* começa a fluir pra lá. E assim que o *chi* começar a fluir, logo o sangue irá acompanhá-lo.

Essa é a razão pela qual a prática do *ch*i (*chi kung*) é tão poderosa: você obtém todos os benefícios de equilibrar o sistema energético e, também, os benefícios físicos que acompanham o afluxo sanguíneo.

Posturas sentadas reclinadas

Segurando o ovo de ganso

Para assumir essa postura básica, afunde-se no sofá como se estivesse vendo tevê. Na verdade, assista à tevê se quiser. Certifique-se de que seus pés estejam totalmente apoiados no chão e a uma distância um do outro equivalente à largura dos seus ombros (ou seja, a parte externa de seus pés deve ter a mesma distância que as extremidades dos seus ombros); de que sua coluna vertebral esteja relaxada e a cabeça olhando para a frente (não para cima). Relaxe o maxilar e coloque a ponta da língua no céu da boca, imediatamente atrás dos dentes superiores.

Agora coloque as mãos sobre a barriga, uma sobre a outra. Se for homem, deve colocar primeiro a mão esquerda sobre o ventre, depois a mão direita relaxadamente sobre ela. Se for mulher, coloque primeiro a mão direita sobre o ventre. A mão que fica por baixo deve estar posicionada de forma que a base do polegar descanse confortavelmente sobre o umbigo.

Agora respire lentamente, e comece a sentir o *chi* circular.

Benefícios dessa postura

Nessa postura você está dirigindo o *chi* para o **dan tien**, ponto principal de armazenamento de energia do corpo. Isso age como um tônico geral para o corpo e é o exercício básico sobre o qual todos os exercícios do Método Dane-se! são construídos. Se for fazer apenas um exercício, então faça esse. Ele nutre os rins, o que o ajudará a acalmar-se e a reduzir a ansiedade.

O pavão abre a sua cauda em leque

Coloque-se na posição básica do sofá (ver acima). Entrelace as mãos atrás da cabeça, colocando os polegares imediatamente abaixo do occipúcio — saliência óssea na base do crânio. Use os seus polegares para massagear essa região. Agora respire lentamente nessa posição. Comece a sentir o *chi* circular.

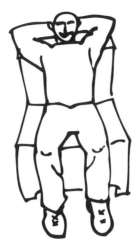

Benefícios dessa postura

O alongamento dos braços tonifica o meridiano do coração — portanto se sentirá mais feliz logo após o primeiro minuto. Empurrar os ombros para trás também abre os pulmões, promovendo uma respiração mais profunda e a liberação de qualquer energia *chi* estagnada. Massagear o occipúcio estimula o ponto *feng chi* da acupuntura — ótimo para reduzir sintomas de estresse, inclusive dores de cabeça e problemas nos olhos.

Segurando o Arco Sagrado

Coloque-se na postura básica do sofá (como explicado anteriormente). Cruze sua perna esquerda sobre a direita, de modo que o tornozelo esquerdo descanse gentilmente sobre a coxa da perna direita. A seguir agarre o tornozelo da perna esquerda com sua mão direita. Deixe sua mão esquerda cair simplesmente sobre a almofada ao seu lado, com a palma da mão virada para cima. Agora respire lentamente nessa posição. Comece a sentir o **chi** circular. Depois de sentir os benefícios dessa posição, inverta as pernas.

Benefícios dessa postura

O alongamento suave desloca a energia estagnada nas pernas, portanto é um bom tônico para pernas cansadas e irrequietas. O meridiano da vesícula biliar e os canais *yin* das pernas são alongados — estimulando a clareza e a criatividade. Portanto, se precisar de clareza em qualquer situação — ou ter uma ideia para algo — assuma essa postura. Puxar o tornozelo mais para cima em direção à virilha aumentará os benefícios.

Morto pelo fogo do dragão

Coloque-se na postura básica do sofá (ver anteriormente). A seguir deixe seus braços simplesmente caírem ao lado do corpo, palmas viradas para cima. Imagine que foi mesmo morto por um dragão e que jaz sem vida na posição em que foi assassinado. Sinta o peso de seu corpo inanimado sobre o sofá. É uma ótima posição para encerrar a primeira sequência de posturas, assim como a morte é a maneira natural de encerrar a sequência da vida.

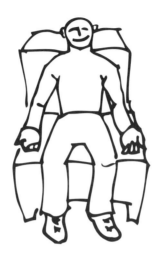

Imagine agora que o dragão ainda se encontra ali e está cuspindo fogo em você. Imagine que o fogo é direcionado com grande precisão. Primeiro, o dragão está dirigindo o fogo para o seu coração. Sinta o calor e a energia entrarem em seu coração. O dragão dirige o fogo para o seu plexo solar. Sinta o calor e a energia entrarem nesse ponto sensível. E, por último, o dragão dirige o fogo para o seu ventre, o seu *dan tien*. Sinta o calor e a energia entrarem em seu *dan tien*, principal centro energético de todo o seu ser.

Benefícios dessa postura

A postura inicial permite que o *chi* penetre em seu corpo. Isso o fará sentir-se mais estabilizado. Instantaneamente se sentirá mais calmo, menos amedrontado e preparado para abraçar a vida e não ter medo dela.

O fogo do dragão é uma técnica curativa muito poderosa. A energia entra em seu corpo e vai para onde ela é necessária, além do ponto em que entrou. Portanto, seu coração se beneficiará (alegria), seu plexo solar se beneficiará (franqueza) e seu **dan tien** se beneficiará (equilíbrio e energia). Depois, a energia se moverá para qualquer área com desequilíbrio de energia em seu corpo.

Na medicina chinesa, essas três áreas estão relacionadas com o Queimador Triplo — que você precisa limpar para criar um fluxo equilibrado de energia no corpo. Ao fazer o exercício, você pode muito bem começar a sentir uma espiral de energia descer através de seu corpo.

Posturas sentadas eretas

Mãos de ouro

Assuma a postura sentada básica: sente-se em uma cadeira em que possa manter as costas eretas e os pés apoiados completamente no chão. Certifique-se de que seus pés estejam afastados alguns centímetros e paralelos um ao outro (ou seja, que seus dedos não estejam virados nem para dentro nem para fo a). Sinta que está confortavelmente sentado, sem qualquer apoio das costas da cadeira. Imagine um fio dourado preso ao topo da sua cabeça, levantando-a e endireitando a sua coluna. O fio dourado retesado também terá o efeito de fazer o seu queixo cair ligeiramente.

Conscientize-se de que há duas forças de sentidos diferentes em ação no seu corpo. Imagine um cabide pendurado num varão. No cabide está pendurado um vestido de seda. Seu esqueleto é o cabide. E assim como o cabide está sendo suspenso pelo gancho no varão (uma força ascendente), você está sendo suspenso pelo fio dourado (uma força ascendente). Tudo o mais em seu corpo é como o vestido de seda, simplesmente pendurado no suporte sólido que é o cabide (uma força descendente). Portanto, todos os seus músculos, pele, órgãos e partes moles podem simplesmente pender em direção ao solo (uma força descendente). Sinta realmente a sensação de afundar-se até o chão. Por último, coloque a ponta da língua ligeiramente no céu da boca, imediatamente atrás dos dentes superiores.

Essa é a postura sentada. Agora, faça coisas diferentes com as mãos.

Para a postura mãos de ouro, deixe os seus braços penderem ao lado do corpo. Assim, dos ombros para baixo, não deve haver nenhuma interferência dos seus músculos. A seguir respire lentamente nessa posição. E comece a sentir o *chi* acumular-se em suas mãos. É o ouro do *chi* sendo gerado: daí a denominação mãos de ouro.

Benefícios dessa postura

Alongar a coluna dessa forma abre o canal dominante *du*, ajudando-nos a permanecer despertos e cheios de energia. O *chi* acumulado revigora o corpo todo e, ao mesmo tempo, acalma a mente.

Você sentirá o *chi* forte se acumulando em suas mãos e isso também irá estimular a circulação.

Você pode aumentar os benefícios dessa postura para os rins, friccionando suas mãos cheias de *chi* sobre os rins, antes de mudar para a postura seguinte.

O macaco coça as costas

Assuma a posição sentada (explicada acima). Com sua mão esquerda pousada no colo, passe a mão direita sobre o ombro direito como se fosse coçar as costas. Na verdade você pode começar a friccionar as costas com os dedos. Certifique-se de friccionar ambos os lados da coluna; talvez com o dedão de um lado e o indicador do outro lado da coluna.

Relaxe e respire nessa posição. Pode continuar a massagear a coluna ou apenas pousar sua mão nas costas. Depois que sentir o *chi* fluir e estiver pronto para continuar, faça a mesma coisa com a mão esquerda.

Benefícios dessa postura

Essa posição alonga o meridiano do coração, estabiliza a mente e permite que você massageie o meridiano da bexiga. Isso, por fim, estimula o sistema energético renal vital e ajuda a fortalecer toda a região das costas. Nada mau para uma simples fricção.

Patas de tigre

Coloque-se na posição sentada (ver acima). Pouse simplesmente as mãos no colo com as palmas voltadas para cima. Certifique-se de que os braços estão completamente relaxados. Deixe as mãos pousadas aí. Respire lentamente nessa postura. Você começará a sentir o *chi* fluindo para as palmas das mãos, dando-lhes uma sensação de formigamento, e sentindo-as macias e sensíveis como as patas macias de um tigre.

Benefícios dessa postura

Você pode sentar-se nessa posição durante muito tempo. É uma excelente postura para meditação. Sua mente irá se acalmar e os pensamentos estressantes desaparecerão. Concentrar-se na respiração fortalece os pulmões e estimula o *chi* no corpo todo. A concentração nas palmas estimula o ponto crucial **laogong**. Você ainda pode tentar respirar através das suas palmas: aspirando *chi* na inspiração através desses portais *chi* e, liberando o *chi* estagnado, na expiração. Ou se preferir uma forma mais simples: sente-se tranquilamente e notará suas mãos frias esquentarem.

Posturas em pé

O repouso do guerreiro

Todas estas posturas em pé são ótimas para fazer enquanto estiver esperando alguma coisa: metrô, ônibus ou um amigo que não chega ao barzinho. Essas posturas são perfeitas sempre que estiver em pé.

Assim, primeiro coloque-se na posição em pé básica: seus pés devem estar separados com a mesma distância de ombro a ombro — ou seja, as margens externas de seus pés devem estar alinhadas com os seus ombros. Certifique-se de que estejam paralelos, sem os dedos virados para dentro ou para fora. Se quiser ser muito preciso quanto a esse aspecto —, se desenhasse uma linha longitudinal desde o meio do calcanhar (a bissetriz) de cada pé até o meio dos dedos (a bissetriz) de cada pé, essas linhas deveriam estar paralelas.

Seus joelhos devem estar ligeiramente flexionados. Quanto mais flexionar os joelhos, mais *chi* será gerado... mas, mais difícil é conseguir ficar em pé. Então, no princípio, apenas flexione ligeiramente os joelhos.

A seguir, é preciso "recolher a cauda". Para perceber o que isso quer dizer, empurre o traseiro para fora e depois faça o movimento oposto, empurrando-o para dentro. Isso é que é "recolher a cauda". É meio estranho no começo, mas, assim como a postura toda, você se acostumará depois de algum tempo. O efeito de ficar em pé dessa maneira, com a "cauda" recolhida, é parecido com estar empoleirado na beira de um banquinho de bar. O efeito físico de estar em pé assim, com a cauda recolhida, é endireitar a coluna e permitir que a respiração abdominal funcione plenamente.

Passemos agora à cabeça. Imagine o fio dourado suspendendo a sua cabeça pelo topo. Isto permitirá que você relaxe e deixe cair levemente o maxilar. Por último permita que a ponta da língua toque levemente o céu da boca, imediatamente atrás de seus dentes superiores.

Embora possa parecer uma rotina um pouco estranha e complicada só para ficar em pé, rapidamente você pegará o jeito, e cada indicador tem uma razão importante de ser (mas não entrarei agora em detalhes, dado o risco de você achar que é mais complicado do que já acha). Tem apenas que confiar em mim.

Em pé, nessa posição, você praticamente já é o guerreiro em repouso. Tudo o que tem que fazer agora é colocar as suas mãos nos bolsos traseiros. Se não tiver bolsos, finja que os tem e simplesmente descanse suas palmas contra o seu corpo.

Agora descanse nessa posição. Respire lenta e profundamente. E — uma vez que essa postura lhe parecerá um tanto estranha — mantenha sua atenção nos lugares em que sentir desconforto e relaxe-os.

O mais importante nessa postura — no início — é continuar nela... e continuar relaxando.

Espero que o metrô, o ônibus ou seu amigo demore mais alguns minutos, pois é muito bom permanecer nessa posição por algum tempo para poder sentir o relaxamento que provém de passar pela tensão repetidamente.

Benefícios dessa postura

Essa postura — como todas as outras posturas em pé — age como um ótimo tônico geral ao sistema energético. Essa é a razão pela qual fazem parte do núcleo da maioria das práticas de **chi kung**. Depois de um pouco de prática você se sentirá profundamente calmo de uma maneira que poderá durar o dia todo (ou pelo menos durante a viagem de metrô, ônibus ou o tempo que for ficar com o seu amigo).

Aquecendo o Globo Sagrado

Fique na posição em pé (como explicada anteriormente). Agora coloque simplesmente as mãos nos bolsos. Se não estiver usando uma jaqueta ou casaco com bolsos, imagine que está, e coloque as mãos sobre o abdômen, uma de cada lado do umbigo.

A seguir respire profundamente pelo abdômen e sinta o *chi* começar a acumular em sua barriga. Você terá uma sensação crescente de calor no ventre, sob suas mãos. O globo sagrado é o **dan tien**, a sede de seu sistema energético. E, com essa postura, você está, de fato, aquecendo-o.

Essa é uma das minhas posturas favoritas. E compro macacões com bolsos sobre a barriga só para poder fazê-la sempre que ando de um lado para outro.

Benefícios dessa postura

Sua mente se acalmará e os pensamentos estressantes desaparecerão. Você fortalecerá o *chi* no seu **dan tien** (lembre-se de que é a casa das máquinas de seu sistema energético). Isso o ajudará a eliminar a estagnação do sangue no corpo — especialmente bom para a função reprodutiva e menstrual nas mulheres. E se isso os chateou, rapazes (e também querem benefícios, é claro), então, lembrem-se de que esse exercício também estimula o *chi* do fígado, que acalma qualquer irritação.

Recebendo uma infinidade de dádivas

Coloque-se na posição de pé (explicada anteriormente). Deixe os braços caírem ao lado do corpo. A seguir deixe as palmas das mãos voltadas para a frente. Mantenha braços e mãos relaxados. Ao respirar, sentirá o *chi* fluir para as suas mãos. Essa posição deixa-o aberto à energia da terra e dos céus. Receba as dádivas que vierem ao seu encontro: relaxamento, inspiração, cura.

Benefícios dessa postura

Essa pode ser a mais surpreendente de todas as posturas. Você pode sentir algo diferente a cada vez. Pode ter diferentes sensações e experimentar diferentes estados de espírito. É a postura mais aberta para que possa se abrir ao que necessita a cada vez. Mantenha-se aberto e espere por uma infinidade de dádivas.

A coruja

Coloque-se na posição em pé básica (explicada anteriormente). Junte as mãos atrás das costas: uma segurando a outra com os polegares entrelaçados. Sem dúvida verá pessoas idosas (com ar de satisfeito) em pé e andando nessa posição. E é, de fato, fundamental para uma vida longa. Adoro ficar em pé nessa posição e olhar belas paisagens ou pessoas ruins. E quando ando de um lado para o outro, nessa posição, sinto-me instantaneamente calmo.

Benefícios dessa postura

Nessa posição os seus braços embalam os seus rins e isso é muito nutritivo para o seu sistema energético renal. Os rins — lembre-se — são a essência vital do corpo — portanto, nutri-los é uma ideia muito boa. O alongamento dos braços estimula os meridianos do *yang*, ajudando a aquecer o corpo.

Tudo nessa postura é calmante e reconfortante.

Posturas em movimento

Subindo as montanhas brancas

Conhecida no Ocidente como escovar os dentes. Escovar os dentes com cuidado é um exercício verdadeiramente belo.

Principalmente porque é raro pensamos nessa atividade realizada pelo menos duas vezes ao dia. Nós nos limitamos a fazê-la, pensando apenas no que temos para fazer a seguir.

Portanto, pode ser um belo exercício de atenção e conscientização. Trate-a como faria com qualquer das posturas do Método Dane-se: certifique-se de que está com os joelhos flexionados, verifique se está totalmente relaxado, concentre-se na respiração. Depois, sinta realmente como é escovar os dentes. Note o sabor da pasta dental, a sensação da escova nas bochechas, o que a língua faz enquanto escova os dentes.

Benefícios dessa postura

Seu grau de higiene bucal irá melhorar instantaneamente assim que escovar os dentes mais meticulosa e cuidadosamente. Mude para uma pasta dental com hortelã e você irá ampliar os seus benefícios, pois ela estimula o *chi* no corpo. O meridiano do estômago é estimulado: portanto cuide de seus dentes e estará cuidando de seu estômago. Se mastigar de mentirinha de vez em quando, também irá estimular o sistema renal vital — a primeira vítima do estresse e do cansaço.

Mergulhando no lago raso

Conhecido no Ocidente como lavar a louça. Como na postura subindo as montanhas brancas, mergulhar num lago raso é um belo exercício, se realizado com atenção. Enquanto escovar os dentes é um ato rápido e mais automático, lavar a louça é uma tarefa mais demorada, geralmente árdua. Tendemos a fazê-la o mais rápido possível enquanto nos distraímos da maneira mais eficaz (ouvindo rádio, por exemplo) e desejando acabar com aquele episódio horrível o mais breve possível. É por isso que é tão bom praticá-la com "atenção plena".

Realizar com "atenção plena" significa colocar a sua atenção no que está fazendo. Em vez de tentar desconcentrar-se do que está fazendo, você deliberadamente coloca a sua atenção nela. Traz sua atenção para o momento presente (quando normalmente está no passado ou no futuro) e para o espaço e atividade presentes (quando normalmente vagueia por outros lugares).

E olha que eu não sou o primeiro a adentrar o mundo das bolhas de sabão e das luvas de borracha para a lavagem de louça como exercício de atenção e meditação.

Os budistas cortam lenha, carregam água e lavam panelas e tachos desde a Pré-História.

Portanto, utilize sua experiência com os métodos de meditação calmante do Dane-se! para relaxar numa boa postura e comece a lavar a louça.

Continue relaxando as pernas e braços. Depois concentre a sua atenção em como é realmente lavar panelas: note a sensação que a água quente produz (além da quentura, espertalhão), o som das panelas batendo umas nas outras, a beleza da luz refletida nas bolhas de sabão.

Talvez fique difícil se conter depois de algumas tentativas dessas. Você vai começar a se oferecer para lavar louças a cada oportunidade. E vai ganhar muitos pontinhos com a companheira, os amigos e parentes. Mas também poderá ficar com as mãos com aparência um tanto ásperas, por isso lembre-se de usar um bom hidratante, cara.

Benefícios dessa postura

A atenção cuidadosa que você aprende nesse exercício muito provavelmente se estenderá a outros aspectos de sua vida: a mudança em sua percepção e no estado de espírito pode ser enorme e transformar sua vida.

O simples ato de colocar as mãos em água quente gera um grande fluxo de *chi* nos meridianos vitais ao longo dos braços e que correm em direção a cada um dos dedos. Esses incluem o meridiano do coração (se sentirá mais feliz) o meridiano do pericárdio (se sentirá mais aberto, mais receptivo) e o meridiano do pulmão (se sentirá mais livre).

Puxa, na realidade, deviam lhe cobrar por deixarem-no lavar a louça.

6.
Aquele cigarro depois...

Foi bom para mim

Sim, muito obrigado. Essa experiência íntima com você está quase chegando ao fim. Mas gostei dela. Foi bom para mim. E isso é tudo o que importa (embora meu editor não concorde, é claro). A verdade é que quando fazemos o que gostamos (exceto atos do tipo assassinato em série) não apenas agradamos a nós próprios, como também aos outros. Afinal, todos nós queremos apenas fazer o que nos agrada. E aqueles que vivem dessa forma, tendem a nos inspirar (ou simplesmente nos irritar se formos particularmente tensos).

Essa é a essência do Dane-se! Cuspir na cara da obrigação, da expectativa, das regras e dos regulamentos. Dizer Dane-se! e fazer as coisas à sua própria maneira.

Portanto, por favor, feche (logo) este livro e siga o seu próprio caminho.

Porque o Dane-se! é o Supremo Caminho Espiritual
(Caso você não tenha prestado atenção e queira algo fácil para comentar no barzinho.)

A vida é espiritual. A vida apenas flui. A vida não julga nem critica. A vida não resiste ao que é. Porque a vida é o que é.

A vida é suavidade pura e descontração. A resistência à vida é severidade e tensão. O Dane-se! é o movimento da tensão (sob qualquer forma) para o relaxamento (em todas as suas formas).

Dane-se! é a maneira mais profana de dizer a coisa mais profunda — quando relaxamos e nos rendemos ao fluxo da vida experimentamos a suprema liberdade em seu mais alto grau.

Portanto, Dane-se! é o Supremo Caminho Espiritual. (Bem, não vai ser tão fácil assim dizer isso no barzinho... mas, despreze algumas palavras e diga "Vida é vida, cara", depois "Eu te amo, companheiro, amo mesmo"... e terá ido direto ao ponto.)

Gostaria de vê-lo novamente
(se você permitir)

Sim, me diverti e adoraria vê-lo novamente qualquer dia desses. Nós nos demos bem, não acha? Então, vamos repetir. Só pra começar (e, por favor, fique à vontade para sugerir outra coisa se quiser) eu pensei que poderíamos nos encontrar numa livraria como da última vez. Terei muito mais coisas para compartilhar com você.

Claro que fiquei um pouco chocado quando me levou ao banheiro tão rápido, mas senti-me melhor depois quando me levou para a cama (logo na primeira noite, também, é verdade).

Então, até a próxima. Boa noite e que Deus/Buda/Lao-Tsé/Laksmi o abençoe.

Agradecimentos

A seguir uma lista de nomes. Se faltar alguém obviamente é: (a) por causa de minha péssima memória ou (b) porque sua contribuição não foi tão grande quanto você imaginou.

Primeiramente, meu principal agradecimento é para Gaia, minha maravilhosa esposa. Começamos a dar seminários de uma semana sobre a filosofia Dane-se! em nosso centro, The Hill that Breathes*, há três anos, e muito do que está escrito neste livro brotou do que exploramos juntos naquelas semanas de curso ou no nosso dia a dia. Obrigado, Gaia, por tudo.

Agora, a lista. Obrigado por contribuírem direta ou indiretamente (em ordem alfabética de sobrenome, caso interesse): Peter Baynham, Richard Bird, Richard Bolton, Alison Bowditch, Antoine Bowes, Dan Brule, Anthea Bull, Axel Chaldecott, Bob Coleman, Simon Confino, Dad, Barefoot Doctor, Lucy Greeves, Karl Grunick, Bisong Guo, John Hegarty, Steve Henry, Rupert Howell, Robin Jones, Jont,

Armando Iannucci, Jen Lincoln, Patrick Lucocq, Adam Lury, Mum, Tony Parsons, Murray Partridge, Ian Priest, Rach, Julian Roskams, Saul, Mark Seabright, James Spence, Alex Wipperfurth, Georgie Wolfinden.

À equipe da Hay House — vocês são geniais.

À Gaia, pelas ilustrações.

À Maria Christof, por seus conselhos sobre medicina tradicional chinesa.

À equipe do Festival Mind Body Spirit [Mente, Corpo e Espírito].

A todos que compartilharam conosco uma semana do curso Dane-se!

A todos cujo sobrenome comece com a letra "P" (nós somos o máximo!).

Informações adicionais

John e Gaia montaram o centro holístico The Hill that Breathes [A Colina que Respira], em 2004, numa colina arborizada no coração da Itália. Depois de aconselhar os hóspedes a dizer Dane-se! em suas vidas, eles começaram a dar seminários semanais sobre o estilo Dane-se! de viver. E os seminários tornaram-se um sucesso.

Atualmente, John promove (aproximadamente) uma semana de *workshop* do Dane-se! a cada mês.

Venha para uma semana Dane-se! e aproveite tudo o que The Hill tem a oferecer — comidas deliciosas, uma piscina cheia de água salgada, cenário espetacular e muitas redes para dormir — e uma imersão completa na filosofia Dane-se! deste livro.

Aprenda *chi kung* e trabalhe com a respiração no fantástico domo geodésico, mas — acima de tudo — aprenda a dizer Dane-se! de uma maneira que transformará a sua vida (para melhor, evidentemente).

The Hill também administra seminários de uma semana de ioga com mestres do mundo todo em que você pode se beneficiar de alguns dos melhores professores do mundo.

Viva todos os dias ao estilo Dane-se! com a ajuda de nosso website: www.thehillthatbreathes.com. E anote o nosso e-mail: behappy@thehillthatbreathes.com.

Inspirações para sua alma

ATITUDE
Luiz Gasparetto

Este livro revoluciona nossa postura diante da vida, convidando-nos a uma reflexão que projeta um dinamismo cheio de novas realidades. Reorganiza a visão do que somos, ampliando a confiança e o valor que podemos dar a nós mesmos.

CATEGORIA: Desenvolvimento Pessoal
PÁGINAS: 152
ACABAMENTO: Brochura
ISBN: 858-58-7217-9

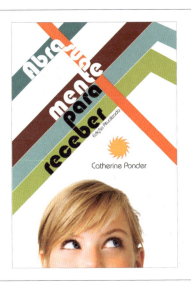
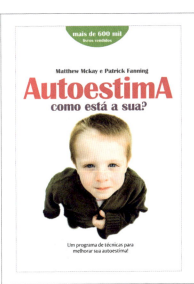

Abra sua mente para receber
Catherine Ponder

Este livro é mais um clássico de Catherine Ponder. Ele revela as leis de abundância que ajudam o leitor a encontrar, com precisão, a fonte para abrir as comportas da prosperidade. A escrita simples, porém vibrante e envolvente, de Catherine Ponder auxiliará você a fazer mudanças positivas em sua vida. A autora assegura que qualquer um pode tirar grande proveito da obra embalado numa leitura leve e agradável, que poderá mudar definitivamente a vida para melhor!

Autoestima
Matthew McKay e Patrick Fanning

Com mais de 600 mil exemplares vendidos no exterior, este livro é um clássico sobre como construir e manter uma autoestima saudável. É um tratado de que ensina a lidar com o mundo interior, de modo a acabar com as rejeições que bloqueiam nossa vida. Leva-nos a perceber, sentir e fazer os ajustes necessários para melhorarmos nosso padrão mental.

CATEGORIA: Desenvolvimento Pessoal
PÁGINAS: 136
ACABAMENTO: Brochura
ISBN: 978-85-7722-118-9

CATEGORIA: Desenvolvimento Pessoal
PÁGINAS: 248
ACABAMENTO: Brochura
ISBN: 978-85-7722-100-4

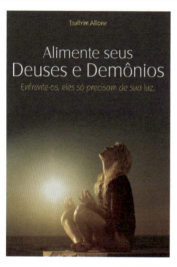

Alimente seus Deuses e Demônios
Tsultrim Allione

Aprenda a lidar com as forças que ameaçam derrotá-lo, usando as ferramentas corretas para conseguir a paz interior. Uma sabedoria antiga, adaptada para solucionar conflitos internos da atualidade, é apresentada como um método poderoso para transformar emoções negativas em energia de libertação.

O livro da realização
Marc Allen

Como usar as habilidades mentais e físicas para criar riqueza e sucesso? Neste livro, Marc Allen afirma que tudo está dentro de cada um. Somos os criadores dos nossos problemas e sucessos, temos o poder de mudar e transformar nossas vidas, tornando-nos completamente realizados.

CATEGORIA: Desenvolvimento Pessoal
PÁGINAS: 264
ACABAMENTO: Brochura
ISBN: 978-85-7722-143-1

CATEGORIA: Desenvolvimento Pessoal
PÁGINAS: 144
ACABAMENTO: Brochura
ISBN: 978-85-7722-062-5

A SOLUÇÃO
Peggy McColl

Como posso fazer a vida trabalhar a meu favor? Como posso acabar com meu desconforto e sofrimento? Perguntas como essas são o primeiro passo para uma jornada de conhecimento. Elas abrirão seu coração para um mundo de possibilidades e tornarão a vida mais feliz.

CURE PENSAMENTOS TÓXICOS
Sandra Ingerman

Utilizando teorias dos alquimistas e métodos antigos de cura de diferentes culturas, o livro ensina a lidarmos com as necessidades atuais e a nos protegermos de qualquer ambiente hostil, curando nossos pensamentos tóxicos e nos libertando de ideias alheias, negativas.

CATEGORIA: Desenvolvimento Pessoal
PÁGINAS: 144
ACABAMENTO: Brochura
ISBN: 978-85-7722-115-8

CATEGORIA: Desenvolvimento Pessoal
PÁGINAS: 144
ACABAMENTO: Brochura
ISBN: 978-85-7722-031-1

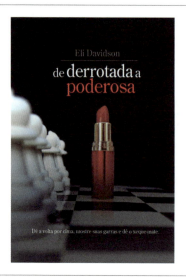 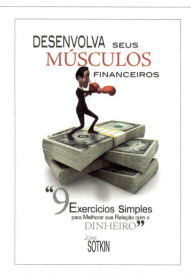

DE DERROTADA A PODEROSA
Eli Davidson

Este não é mais um daqueles monólogos feministas que ensinam os passos para alcançar sucesso, do tipo "você tem que...", mas sim um convite para mergulhar em si mesma e reacender a paixão pela vida.

DESENVOLVA SEUS MÚSCULOS FINANCEIROS
Joan Sotkin

Está cansado de ver sua conta bancária sempre no vermelho? Este é um verdadeiro guia que nos conduz a uma viagem interessante. Nela, é possível perceber como uma mudança de comportamento pode refletir, de forma positiva, em nossas finanças.

CATEGORIA: Desenvolvimento Pessoal
PÁGINAS: 224
ACABAMENTO: Brochura
ISBN: 978-85-7722-041-0

CATEGORIA: Desenvolvimento Pessoal
PÁGINAS: 192
ACABAMENTO: Brochura
ISBN: 978-85-7722-036-6

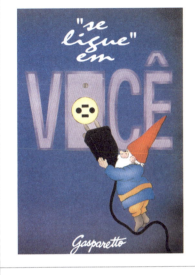

O LIVRO DA ABUNDÂNCIA
John Randolph Price

Você quer mais dinheiro e sucesso em sua vida? Nessa nova edição revisada e ampliada, John Randolph Price mostra-nos, por meio de experiências pessoais, que a consciência é a chave da vida. Na verdade, nada é impossível, e isso inclui a potencialidade, em cada pessoa, para a prosperidade ilimitada e a independência financeira. Acompanha um CD com meditações.

CATEGORIA: Desenvolvimento Pessoal
PÁGINAS: 112
ACABAMENTO: Brochura
ISBN: 978-85-7722-034-2

"SE LIGUE" EM VOCÊ
Luiz Gasparetto

Você é seu grande laboratório e o arquiteto de sua vida. Este livro traz uma visão inteiramente nova de seu processo, mais segurança e confiança em você mesmo, ensinando-o a viver com os recursos de sua fonte interior.

CATEGORIA: Desenvolvimento Pessoal
PÁGINAS: 96
ACABAMENTO: Brochura
ISBN: 85-85872-23-3

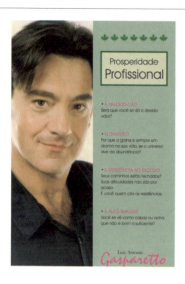

Prosperidade Profissional
Luiz Gasparetto

Este livro tem como objetivo revolucionar a maneira de pensar e de agir em relação ao trabalho, fazendo com que o leitor reflita: até que ponto as resistências e medos estão bloqueando o sucesso na carreira ou nos negócios?

GUIA DO VERDADEIRO MILIONÁRIO
Bärbel Mohr

ALFABETIZAÇÃO AFETIVA
Lousanne Arnoldi de Lucca

ABRA SUA MENTE PARA RECEBER
Catherine Ponder

AMOR SEM CRISE
Valcapelli

ATITUDE
Luiz Gasparetto

AUTOESTIMA
Matthew MacKay e Patrick Fanning

ALMA LIVRE
Michel A. Singer

A EVOLUÇÃO DE DEUS
Cris Griscom

A SOLUÇÃO
Peggy McColl

ALIMENTE SEUS DEUSES E DEMÔNIOS
Tsultrim Allione

CURE PENSAMENTOS TÓXICOS
Sandra Ingerman

CATEGORIA: Desenvolvimento Pessoal
PÁGINAS: 272
ACABAMENTO: Brochura
ISBN: 85-85872-34-9

Desenvolvimento Pessoal

Livros que mostram caminhos na busca de reflexões sobre o comportamento humano. Ajudam o leitor a encontrar alternativas para uma vida melhor. São títulos nacionais e estrangeiros de autores como Luiz Gasparetto, Joan Sotkin, Eli Davidson, entre outros.

Inspire-se com outras categorias em nosso site:
WWW.VIDAECONSCIENCIA.COM.BR

INFORMAÇÕES E VENDAS:

Rua Agostinho Gomes, 2312
Ipiranga • CEP 04206-001
São Paulo • SP • Brasil
Fone / Fax: (11) 3577-3200 / 3577-3201
E-mail: editora@vidaeconsciencia.com.br
Site: www.vidaeconsciencia.com.br